L'ESPOIR
et la guérison
APRÈS UN SUICIDE

Guide pratique pour les personnes
qui ont perdu un proche à la suite
d'un suicide en Ontario

camh

Centre for Addiction and Mental Health
Centre de toxicomanie et de santé mentale

Un Centre collaborateur de l'Organisation
panaméricaine de la Santé et de
l'Organisation mondiale de la Santé

Catalogage avant publication de Bibliothèque et Archives Canada

L'espoir et la guérison après un suicide : guide pratique pour les personnes qui ont perdu un proche à la suite d'un suicide en Ontario.

Publ. aussi en anglais sous le titre: Hope and healing after suicide.
Comprend des réf. bibliogr.
Publ. aussi en formats électroniques.
ISBN 978-1-77052-350-0

1. Survivants au suicide d'un proche — Ontario. 2. Deuil — Aspect psychologique.
3. Suicide — Aspect psychologique. 4. Suicide — Ontario.
I. Centre de toxicomanie et de santé mentale

HV6548.C32O6814 2011   362.2'8309713   C2011-902640-6

ISBN : 978-1-77052-350-0 (version imprimée)
ISBN : 978-1-77052-265-7 (PDF)
ISBN : 978-1-77052-352-4 (epub)
ISBN : 978-1-77052-353-1 (HTML)

Imprimé au Canada

Il se peut que cette publication soit disponible dans d'autres formats. Pour tout renseignement sur d'autres formats ou pour commander d'autres publications de CAMH, veuillez vous adresser aux Ventes et distribution :
Sans frais : 1 800 661-1111
À Toronto : 416 595-6059
Courriel : publications@camh.net
Cyberboutique : http://store.camh.net

Site Web : www.camh.net/fr

Available in English under the title: *Hope and healing after suicide: A practical guide for people who have lost someone to suicide in Ontario*

Ce guide a été produit comme suit :
Élaboration : Margaret Kittel Canale, CAMH
Correction-rédaction de la version anglaise : Diana Ballon, CAMH
Traduction : Traductions À la page (Patricia Drapeau, Geneviève Laurier) et Evelyne McDonald
Révision-correction : Tony Ivanoff, CAMH
Conception : Mara Korkola, CAMH
Responsable de l'impression : Christine Harris, CAMH

Cette publication a été adaptée pour l'Ontario à partir du document *Hope and Healing: A Practical Guide for Survivors of Suicide*, publié en Alberta. La permission de reproduire cette publication, en tout ou en partie, a été accordée par les Services de santé de l'Alberta.

4080/ 07-2011/ PM090

Remarque : Les termes de genre masculin utilisés pour désigner des personnes englobent à la fois les femmes et les hommes. L'usage exclusif du masculin ne vise qu'à alléger le texte.

Préface

Nous espérons que la lecture de ce guide arrive à un moment où elle vous sera le plus utile.

Ce guide vous propose des conseils pratiques pour passer à travers...
les tout premiers moments
les toutes premières heures
les tout premiers jours
et les premières années
... suivant le suicide d'un proche.

Ce guide, qui a été écrit avec l'aide de nombreux survivants à une personne suicidée et de professionnels de la santé travaillant avec eux, traite des questions pratiques avec lesquelles les survivants doivent composer après un suicide. Nous espérons qu'il vous aidera durant ces moments difficiles.

Veuillez partager ce guide avec toute autre personne qui pourrait bénéficier de cette information ou qui pourrait vous aider. Pour accéder à ce guide en ligne, allez à : www.reseaufranco.com, puis recherchez « L'espoir et la guérison après un suicide ».

Table des matières

Remerciements

RESPONSABLE DU PROJET
Margaret Kittel Canale, M.Ed., Appui à l'innovation et accès au savoir, CAMH

ÉQUIPE DU PROJET
Penny Knapp, survivante à un suicidé

Melanie McLeod, survivante à un suicidé

Geri Roberts-Minialoff, conseillère en programmes, Services provinciaux, CAMH

Maryann Shaw, psychothérapeute auprès des enfants et des adolescents, Département de psychiatrie, Hospital for Sick Children, Toronto

COLLABORATEURS
Kelly Bachoo, sergente, Services de la police régionale de York

A. E. Lauwers, M.D., CCMF, FCFP, coronaire en chef adjoint, enquêtes, gouvernement de l'Ontario

Sharon Lowe, M.Ed., psychothérapeute

Rick Ludwig, ancien président, Association des services funéraires de l'Ontario

Danette Mathias, directrice de programmes, services aux victimes de Wawa et de la région

Personnel du Salon funéraire R. S. Kane, Toronto

Duane Wenmann, sergent, Services de police de Wawa

LECTEURS
Nous sommes reconnaissants aux nombreux survivants à une personne suicidée en Ontario qui ont lu l'ébauche de cet

ouvrage et nous ont fourni leurs observations afin d'en étoffer le fond et la forme. Ces personnes ont perdu des partenaires ou conjoints, des enfants, des parents, des frères, des sœurs et des cousins.

Nous remercions également les réviseurs suivants qui, grâce à leur expertise dans les divers aspects du contenu de cet ouvrage, ont fait en sorte que les renseignements fournis étaient complets et exacts :

Patrick Cusack, comptable agréé

Fran King, consultante en éducation et conseillère aux endeuillés

Kirsty Laidlaw, directrice, Salon funéraire Arthur, Sault Sainte-Marie

A. E. Lauwers, M.D., CCMF, FCFP, coroner en chef adjoint, enquêtes, gouvernement de l'Ontario

Irfan A. Mian, M.D., FRCPC, chef clinique, Service des troubles de l'humeur et d'anxiété, Programme pour les enfants, les jeunes et leur famille, CAMH

Cathy Thompson, conseillère en programmes, Services provinciaux, CAMH

Pourquoi CAMH a produit ce guide pour l'Ontario ?

Le guide est une adaptation du document *Hope and Healing: A Practical Guide for Survivors of Suicide* qui a été rédigé pour fournir des conseils pratiques au moment opportun aux survivants à un suicidé en Alberta. La perte et le deuil éprouvés par la famille et les amis lorsqu'un proche meurt à la suite d'un suicide ainsi que les questions pratiques dont on doit s'occuper peuvent être particulièrement complexes et difficiles.

Penny Knapp, dont le fils Nicholas est mort à la suite d'un suicide, a approché le Centre de toxicomanie et de santé mentale (CAMH) et demandé si nous pouvions adapter le guide pour l'Ontario. Nous avons découvert qu'une ressource telle que celle de l'Alberta n'existait pas pour les survivants à une personne suicidée en Ontario ; CAMH a donc rapidement acquiescé à la demande.

La structure et le contenu de la version ontarienne sont en général similaires à ceux de la version de l'Alberta, avec des adaptations lorsque cela était indiqué. Nous avons toutefois approfondi certains des aspects traités. Nous avons étoffé le contenu sur les questions de santé mentale et de deuil. Nous avons inclus des renseignements plus détaillés sur les étapes pratiques à suivre lorsqu'un membre de la famille meurt. Nous avons ajouté des ressources (telles que des organisations, livres et sites Web) qui pourraient être utiles aux survivants à une personne suicidée. Nous avons également inclus les émouvants témoignages de survivants, dont ceux de Penny et de ses deux filles en souvenir d'un fils et d'un frère.

1

La perte d'un proche à la suite d'un suicide

Vous survivrez. Oui, le deuil est accablant. C'est difficile à imaginer maintenant, mais une heure à la fois, un jour à la fois, vous passerez au travers. Et, au fil du temps, la douleur s'atténuera.

Ce qui aide à court terme

Les réactions émotives au suicide sont intenses et accablantes. Savoir à quoi s'attendre vous aidera à composer avec la situation et à prendre le chemin de la guérison.

SAVOIR À QUOI S'ATTENDRE

La plupart des survivants ont de la difficulté à penser claire-ment. Vous pourriez ressentir une certaine torpeur et même oublier des choses. Vous pouvez repenser constamment au suicide et ressasser sans cesse la question : « Pourquoi ? ».

Vous n'avez pas à vous reprocher le choix fait par une autre personne. Vous n'avez pas à vous reprocher le suicide d'une personne proche de vous.

Il n'est pas inhabituel de se sentir accablé par la tristesse et de se sentir physiquement malade et en colère. Vous pouvez aussi ressentir de la honte ou de la culpabilité. Les survivants envisagent même parfois le suicide. Ces réactions et autres émotions intenses sont normales. Les gens réagissent de différentes façons devant une telle perte.

Il n'y a pas de calendrier pour vivre un deuil. Chacun le vit à son rythme.

Si vous songez à vous infliger des blessures, parlez-en à quelqu'un (p. ex., un ami, un membre de la famille, un chef religieux ou spirituel, ou encore un conseiller) pour savoir comment composer avec vos émotions et rester en sécurité.

LAISSEZ LES AUTRES VOUS AIDER

Au début, vous êtes sans doute tellement confus qu'il est difficile de savoir comment composer avec la situation, alors laissez les autres vous aider. Demandez le soutien de vos amis, de votre famille, de votre lieu de culte, de la communauté et des autres personnes dans votre entourage. Ces personnes peuvent vous aider à répondre aux appels, à prendre les arrangements funéraires et à effectuer d'autres tâches. Elles peuvent vous épauler en vous rappelant ce que vous devez faire et savoir de même que vous appuyer dans certaines décisions. Elles peuvent aussi simplement vous prêter une oreille attentive et bienveillante.

Annoncer la nouvelle

QUOI DIRE

Une des difficultés à laquelle vous ferez face sera d'annoncer aux autres le suicide. Bien qu'il soit difficile de parler ouvertement du suicide, il est important de dire la vérité à la famille et aux amis. Cela les aide à s'épauler pour faire face à leur chagrin et vous aide également à faire face au vôtre. Dans certaines situations, vous pourriez choisir d'être bref et de dire simplement « Elle est morte à la suite d'un suicide et je ne suis pas encore prêt à en parler » ou « Il était très déprimé et s'est suicidé ». Il peut être utile de préparer un bref énoncé que vous répéterez afin de ne pas avoir à penser à ce que vous devez dire chaque fois que vous devez annoncer la nouvelle. Vous n'avez pas à donner de détails aux personnes qui n'étaient pas proches de la famille.

Outre la famille et les amis proches, vous devrez informer les gens avec qui la personne décédée avait des contacts réguliers. Comme cela est une tâche difficile, vous pourriez demander de l'aide pour faire ces appels. Il est possible que vous deviez sans doute informer le personnel de l'école, l'employeur et les collègues de bureau, des médecins, des organisations religieuses ou spirituelles, ainsi que le propriétaire du logement où la personne décédée habitait.

ANNONCER LA NOUVELLE AUX ENFANTS ET AUX ADOLESCENTS

Dire la vérité

Vous devez dire aux enfants et aux adolescents que le décès est attribuable à un suicide. S'ils n'ont pas besoin de connaître tous les détails, surtout s'ils sont très jeunes, ils ont besoin de savoir que la personne s'est volontairement tuée. Cela peut être difficile à dire, mais c'est la vérité, et il est préférable qu'ils l'apprennent de vous. Les jeunes savent détecter quand on leur ment. Et cacher la vérité ne fait que nourrir une atmosphère de méfiance, de peur et de solitude. Si vous ne leur dites pas la vérité, ils la découvriront éventuellement par d'autres. Et cela sera beaucoup plus douloureux.

Les enfants vous demanderont : « Pourquoi ? ». C'est une question difficile à laquelle répondre, puisque la seule personne qui connaît la réponse est morte. Donnez une explication adaptée à l'âge de l'enfant. Par exemple, vous pouvez dire à un jeune enfant « Il ne voulait plus vivre. Il était désespéré et n'a pas pensé qu'il pouvait obtenir de l'aide ». Donnez des réponses simples et courtes. Les enfants et les adolescents vous diront ce qu'ils veulent savoir. Répondez à leurs questions, sans plus.

Montrer votre chagrin

Il n'y a rien de mal à montrer aux jeunes votre colère, votre sentiment d'impuissance et votre confusion. Vos réactions les aident à comprendre que leurs propres émotions sont normales et qu'ils peuvent les exprimer. Assurez-vous toutefois qu'ils ne portent pas le poids de vos émotions. Ils doivent savoir que ce n'est pas à eux de prendre la responsabilité d'alléger l'ambiance familiale. Rassurez-les et faites-leur savoir que vous, ainsi que leur entourage, êtes encore capable de prendre soin d'eux.

Écouter et rassurer

Les enfants et les adolescents peuvent éprouver de la confusion lorsqu'ils apprennent que la mort est due à un suicide. Ils peuvent poser beaucoup de questions pour essayer de comprendre la nouvelle : « Est-ce qu'il ne nous aimait pas ? » ou « Pourquoi était-elle si triste ? ». Répondez quand vous le pouvez. Dites-leur que vous n'avez pas toutes les réponses, mais que vous êtes toujours prêt à écouter. Encouragez-les à parler de leurs émotions. Il est aussi parfois utile pour les jeunes de parler à quelqu'un d'autre, tel qu'un ami de la famille ou un thérapeute.

Les jeunes ont besoin de se faire rassurer. Ils ont besoin de se faire dire que le suicide n'était pas de leur faute, qu'on les aime encore, et que les personnes auxquelles ils tiennent ne vont pas mourir elles non plus. Insistez sur le fait qu'il y a toujours d'autres solutions aux problèmes afin qu'ils ne voient pas le suicide comme un moyen de faire face aux difficultés.

Demander de l'aide

Les jeunes ont besoin d'être soutenus et réconfortés lorsqu'un proche meurt. Il peut être trop difficile d'offrir un tel soutien à vos enfants lorsque vous-même pleurez la perte de cet être cher, surtout dans les premiers temps. Si c'est le cas, appelez quelqu'un en qui vous avez confiance, consultez un thérapeute professionnel ou joignez-vous à un groupe de soutien aux endeuillés.

Services d'urgence et investigations

Il est difficile de perdre un être cher. Quand cette personne meurt à la suite d'un suicide, vous êtes en plus devant une situation qui nécessite l'intervention des services d'urgence et des services judiciaires. Les procédures qui suivent un suicide peuvent créer beaucoup d'anxiété chez les survivants. Il peut vous être utile de savoir pourquoi ces diverses procédures sont nécessaires.

INTERVENTION DES SERVICES D'URGENCE

Si un décès soudain est découvert, les services médicaux d'urgence, le service d'incendie et la police répondent à l'appel d'urgence. À son arrivée, la police avise le bureau du coroner du décès.

Services médicaux d'urgence

Les services médicaux d'urgence fournissent une aide médicale sur place. Si la personne est vivante, ils l'emmèneront à l'hôpital qui s'occupera alors de sa prise en charge. Ils peuvent aussi déterminer si la personne est décédée.

Service d'incendie

Le service d'incendie fournit une aide médicale aux services médicaux d'urgence, ainsi que de l'aide supplémentaire au besoin.

Police

La police intervient à plusieurs niveaux. Elle assure la sécurité du personnel d'urgence et des autres personnes présentes. Elle assure la protection des lieux. Elle effectue une investigation sur le décès et recueille les pièces d'identité, les objets de valeur et autres articles en rapport avec la personne et l'investigation. Elle peut également prendre des photos des lieux. La police peut demander à la personne qui a signalé le décès ou qui a identifié la personne décédée et aux personnes qui ont trouvé le défunt ou qui lui ont parlé de faire une déclaration. La police essaiera d'aviser le plus proche parent. Elle peut également prendre des arrangements pour placer les animaux de compagnie.

La police prendra le contrôle des lieux au nom du coroner jusqu'à ce qu'un examen post mortem soit effectué et que la cause du décès soit déterminée, cela pour votre protection et la sécurité de tous. La police protégera les lieux jusqu'à ce qu'elle reçoive un avis de libération du bureau du coroner.

Bureau du coroner

La police avise le bureau du coroner qui mènera une investigation sur les circonstances entourant le décès. Dans le cas d'un suicide, le coroner est le seul fonctionnaire qui puisse signer et délivrer un certificat de décès.

Assistance aux victimes

La police ou le coroner peut demander (ou vous pouvez demander) qu'une équipe des services d'aide aux victimes vous offre du soutien, de l'information et vous aiguille vers les services appropriés. Ces services sont offerts de façon confidentielle et avec compassion 24 heures sur 24, sept jours sur sept.

Les services d'aide aux victimes peuvent aussi vous aider à remplir les formulaires, à prendre des arrangements funéraires, vous accompagner lors de rendez-vous et vous recommander des services de counseling.

INVESTIGATION

Une investigation est effectuée afin d'établir les circonstances du suicide. Elle porte sur l'identité de la personne, le moment et l'endroit où elle est morte, ainsi que la cause et la nature du décès. L'investigation inclut souvent un examen des antécédents médicaux, du lieu du décès ainsi que du corps.

Bureau du coroner

Le Bureau du coroner en chef conduit une investigation sur tous les décès inexpliqués et violents, y compris les suicides, aux termes de la Loi sur les coroners. L'investigation est effectuée par des coroners qui sont des médecins. Le Bureau du coroner en chef assume les coûts de transport du corps du lieu du décès à l'endroit où le corps sera examiné par un pathologiste.

En Ontario, vous pouvez communiquer avec le Bureau du coroner en chef au 26, rue Grenville, Toronto (ON) M7A 2G9 ou en composant le 1 877 991-9959.

Objets recueillis sur les lieux

La police conserve les objets liés au décès (incluant les lettres de suicide) qui sont recueillis sur le lieu du décès. Ces objets peuvent être retournés au plus proche parent après l'investigation, mais ce dernier doit en faire la demande et signer un formulaire.

La police peut recueillir et conserver des objets de valeur qui seront retournés au plus proche parent sur demande écrite.

Autopsie

Si la cause du décès est évidente, une autopsie peut ne pas être nécessaire. S'il y a des doutes à propos de la cause ou de la nature du décès, le coroner peut ordonner la tenue d'une autopsie. Une autopsie peut nécessiter des tests de laboratoire complexes, et il faut parfois attendre plusieurs mois avant d'obtenir les résultats.

Il n'est pas nécessaire d'obtenir le consentement du plus proche parent pour qu'une autopsie soit faite par le pathologiste. L'autopsie est effectuée conformément au mandat délivré par le coroner chargé de l'investigation. Informez le coroner s'il y a des questions culturelles ou des croyances religieuses ou morales concernant l'autopsie.

Vous pouvez demander un résumé des résultats de l'investigation du coroner et du rapport d'autopsie. Cela peut prendre jusqu'à neuf mois avant d'obtenir ces documents.

Lieu du décès une fois l'investigation terminée

Si le décès a eu lieu au domicile, le plus proche parent est responsable de nettoyer les lieux. Parfois, les membres de la famille choisissent de nettoyer les lieux eux-mêmes. Toutefois, lorsqu'il y a des liquides organiques, il est conseillé d'engager une compagnie de nettoyage certifiée pour effectuer cette tâche.

Pour obtenir les noms d'entreprises de nettoyage appropriées, consultez l'annuaire téléphonique ou le salon funéraire. Bien qu'élevés, les coûts des services de nettoyage professionnels sont souvent couverts par l'assurance habitation. Communiquez avec votre compagnie d'assurance pour obtenir plus d'information à ce sujet.

Dons de tissus et d'organes

Après un suicide, les survivants peuvent trouver un certain réconfort dans le don des tissus ou organes de la personne décédée. Si vous désirez faire un tel don, informez-en le coroner. La police avisera le coroner si une carte de donneur a été trouvée sur la personne.

Les dons de tissus doivent être faits dans certains délais (environ entre 6 et 12 heures après un décès), même lorsque le décès se produit à l'extérieur de l'hôpital. Pour déterminer si des organes peuvent être donnés ou non, il faut prendre en compte un certain nombre de facteurs, y compris l'état du corps.

Enquête

Une enquête est une audience publique. Le but d'une enquête est de déterminer qui était la personne décédée et comment, pourquoi, quand et de quelle manière elle est morte.

Une enquête peut être menée sur les décès examinés par le bureau du coroner. Le Bureau du coroner en chef détermine les cas qui devraient faire l'objet d'une enquête.

Il est rare qu'une enquête soit tenue dans le cas d'un suicide. Toutefois, si la personne se trouvait dans un lieu de garde au moment du décès, une enquête doit être effectuée.

2

Vivre un deuil

Le deuil est plus compliqué lorsque le décès est soudain. Il n'y a pas eu d'occasion de se dire au revoir. Un suicide suscite de fortes émotions : une tristesse extrême, la colère, la honte et la culpabilité sont toutes des réactions normales à une morte soudaine. Mais vous n'avez pas à vous faire des reproches. Découvrir les raisons pour lesquelles une personne a décidé de mettre fin à sa vie est une étape douloureuse mais importante pour venir à bout du chagrin même quand il n'y a pas de réponses.

Les préjugés accolés au suicide

Vous ne pleurez pas seulement la perte d'un être cher, vous composez également avec les émotions qui entourent le suicide. Le deuil d'une personne décédée d'un suicide peut être plus difficile et plus compliqué que celui d'autres formes de décès. Il y a les raisons pour lesquelles cela est arrivé, la soudaineté du décès, la nature du décès ainsi que la présence de la police et du coroner. Vous pensez peut-être que vous auriez pu faire quelque chose pour prévenir le suicide, mais vous ne vous sentiriez pas ainsi si la personne était morte d'un cancer, d'une maladie cardiaque ou d'autres causes.

Bien des gens ont des attitudes négatives à propos du suicide en raison de leurs croyances culturelles, religieuses et sociales. Ils considèrent le suicide comme une question morale plutôt qu'une question de santé. Le fait de savoir que certaines personnes ont ces idées préconçues ou d'entendre leurs commentaires arbitraires peut accroître encore davantage votre détresse. Cela peut même vous pousser à cacher la cause du décès.

Selon l'Organisation mondiale de la Santé, 11 Canadiens sur 100 000 meurent du suicide chaque année. Ce taux est plus élevé chez les jeunes, les aînés, les personnes aux prises avec des problèmes de santé mentale (tout particulièrement la dépression et le trouble bipolaire), les Autochtones vivant dans le nord du Canada et les prisonniers dans les établissements correctionnels. Environ 90 pour cent des gens qui meurent de suicide ont un problème de santé mentale.

En parlant du suicide, vous brisez le silence entourant cette question souvent taboue. Lorsque vous parlez du suicide, dites que la personne s'est suicidée et non qu'elle a « commis un suicide ». Le verbe « commettre » a une connotation péjorative, comme dans l'expression « commettre un crime ».

Votre deuil est unique

Le deuil est différent pour chaque personne. Les réactions à l'égard de la mort varient selon la personnalité, l'âge, le sexe, la culture, les croyances religieuses ou spirituelles, les antécédents familiaux, le rôle dans la famille, les capacités d'adaptation, la relation avec la personne décédée, le nombre de personnes chères que la personne a déjà perdues ainsi que les circonstances du décès.

Certains aspects du deuil sont prévisibles. Mais le deuil n'est pas une série d'étapes linéaires. C'est plutôt un processus qui a des hauts et des bas comme les montagnes russes : il va et vient quotidiennement, et vous pouvez ressentir plusieurs émotions à la fois.

C'est souvent tout de suite après avoir vu aux questions importantes et immédiates alors qu'il y a moins de distractions et que tout le monde est retourné à ses activités quotidiennes que les moments les plus durs surviennent. Il est important que les personnes qui vous aiment reconnaissent que vous avez besoin d'un soutien continu.

TORPEUR ET CHOC

Les survivants éprouvent généralement de la torpeur et un choc lorsqu'ils apprennent la nouvelle du suicide. Cela peut durer pendant plusieurs semaines et même plus longtemps. C'est un peu comme si vous regardiez en spectateur passer votre vie devant vous. Rien ne vous semble réel. Le sentiment de choc a un but : il vous protège de la douleur. Avec le temps, cette torpeur s'estompe, et vous pouvez vivre votre deuil.

Le deuil est différent pour chaque personne.

AUTRES RÉACTIONS

Voici quelques exemples des réactions possibles devant le suicide d'un membre de la famille ou d'un ami.

Changements de comportement

Vous constaterez peut-être des changements dans votre comportement, vos habitudes et vos relations. Vous pourriez par exemple :
- éprouver des perturbations de votre sommeil ;
- pleurer, souvent de façon incontrôlable et sur une période prolongée ;
- visiter des endroits ou porter des objets associés à la personne qui est morte ;
- être en état de suractivité ;
- vous replier sur vous-même (p. ex., éviter des amis ou des appels) ;
- perdre l'intérêt envers ce qui se passe autour de vous ;
- surconsommer de l'alcool ou des drogues ou pratiquer des activités de façon excessive pour engourdir la douleur ;
- manger moins ou plus que d'habitude ;
- vous comporter de façon inhabituelle ;
- découvrir que vos mécanismes d'adaptation habituels ne fonctionnent pas.

Réactions sur le plan émotif

Voici certaines des émotions que vous pourriez éprouver durant votre deuil :
- colère ;
- tristesse ;
- culpabilité ;
- anxiété ;

- choc ;
- déni ;
- impuissance ;
- désespoir ;
- apathie ;
- torpeur ;
- soulagement (si par exemple la personne était malade depuis longtemps) ;
- ennui profond de la personne décédée ;
- frustration ;
- irritabilité ;
- solitude ou isolement ;
- accablement.

Réactions sur le plan spirituel

Votre façon de voir le monde peut avoir changé à la suite du décès. Vous pourriez par exemple :

- remettre en question vos croyances spirituelles ou religieuses et d'autres valeurs ;
- chercher une signification à ce qui est arrivé ;
- reconstruire votre entendement de la mort ;
- ne plus avoir peur de la mort ;
- vous sentir puni ;
- visiter des médiums pour communiquer avec la personne décédée ;
- avoir des rituels pour maintenir votre rapport avec la personne décédée ;
- éprouver un sentiment croissant d'impuissance en raison de la nature soudaine et traumatisante du décès.

Réactions sur le plan cognitif ou mental

Vos pensées, perceptions, aptitudes de raisonnement et intuitions

pourraient changer. Par exemple, vous pourriez :
- penser, même de façon obsessive, à la personne décédée ;
- sentir la présence de la personne décédée ;
- ne pas croire à ce qui vient de se passer ou encore le nier ;
- sentir une perte de contact avec la réalité ;
- être distrait ;
- être incapable de vous concentrer ;
- avoir de la difficulté à vous souvenir de certaines choses ;
- être incapable de penser clairement ;
- être incapable de prendre des décisions ;
- chercher des signes de la présence de la personne.

Réponses sur le plan physique

Vous pouvez sentir que votre corps fonctionne différemment ou que vous avez des symptômes physiques inhabituels. Vous pourriez par exemple :
- vous sentir maladroit et mal coordonné ;
- manquer d'énergie ou vous sentir extrêmement fatigué ;
- être en état d'hypervigilance et être incapable de vous reposer ;
- ressentir une faiblesse musculaire ;
- avoir de la difficulté à respirer ;
- ressentir de la douleur ou de l'oppression à la poitrine ;
- avoir la bouche sèche ou de la difficulté à avaler ;
- sentir que vous avez l'estomac vide ;
- avoir la nausée ou des problèmes digestifs ;
- avoir un rythme cardiaque irrégulier ;
- être sensible au bruit ;
- sursauter facilement ;
- constater des changements dans votre appétit ;
- avoir des rhumes fréquents ou d'autres maux.

LE DEUIL PREND DU TEMPS

La période de deuil varie d'une personne à l'autre. Il arrive que les survivants s'enlisent durant leur deuil. Si cela se produit, un thérapeute peut vous aider. Vous avez besoin de gens dans votre vie qui peuvent vous offrir du soutien.

La dépression clinique est différente d'un deuil normal, car elle est plus intense et prolongée. Si vous croyez souffrir d'une dépression, ne tardez pas à communiquer avec votre médecin.

Le deuil chez les jeunes

LE DEUIL CHEZ LES ENFANTS

Les enfants ne montrent pas leurs émotions de la même façon que les adultes. Vous pouvez percevoir ces émotions dans leurs comportements et dans leurs jeux. Ils peuvent préférer parler de leurs sentiments avec d'autres enfants plutôt qu'avec des adultes.

Parfois les enfants semblent ne pas être touchés par le décès. Ils peuvent pleurer pendant un certain temps, puis retourner jouer et se remettre à rire : leurs paroles et leurs comportements ne reflètent pas toujours ce qu'ils ressentent. Les adultes interprètent souvent à tort ce comportement comme une incapacité à pleurer la personne décédée. En fait, c'est un mécanisme qui permet aux enfants de vivre leur deuil de façon gérable.

Il n'est pas rare pour les enfants de pleurer la perte d'un être cher un peu plus tard dans la vie. Ils peuvent ressentir de nouvelles émotions et réagir de façon différente au décès, même des années après le suicide. À mesure qu'ils acquièrent de la maturité, ils poseront souvent des questions différentes pour essayer de comprendre ce qui s'est passé. Ils peuvent aussi vivre de nouveau un deuil lors des moments importants de leur vie, par exemple lorsqu'ils terminent leurs études, obtiennent leur premier emploi, se marient ou célèbrent la naissance de leur premier enfant.

Les enfants doivent composer avec le deuil. Soyez là pour parler avec eux du décès, ou encore proposez-leur de parler à quelqu'un en qui vous avez tous les deux confiance.

Les signes de deuil chez les enfants

Tout comme les adultes, les enfants expriment leur deuil de différentes façons. Voici les signes qui peuvent indiquer qu'un enfant est en deuil :

- il vous pose des questions, par exemple sur les raisons du décès et quand la personne reviendra ;
- il a un comportement régressif, par exemple il suce son pouce ;
- il a peur d'être séparé d'un parent survivant ou d'autres personnes importantes dans sa vie ;
- il se cramponne à vous ;
- il est en colère et a des crises ou encore ne vous écoute pas ;
- il manifeste des problèmes physiques, comme une perte d'appétit, des cauchemars ou de la difficulté à dormir ;
- il est angoissé à propos de l'école : cela peut se manifester par de l'irritabilité, le repli sur soi ou la difficulté à se concentrer, qui peuvent être interprétés comme un problème de comportement.

Étapes de développement et perceptions du décès

L'âge de l'enfant au moment du décès influencera la façon dont il y réagit.

QUATRE ANS ET MOINS

À cet âge, les enfants ne comprennent pas toujours la différence entre la vie et la mort. Les enfants qui ont quatre ans ou moins :
- pensent souvent en termes concrets ;
- peuvent associer la mort avec le sommeil ;
- n'envisagent pas nécessairement la mort comme finale ;
- pratiquent la pensée magique : par exemple, ils n'ont pas le sens de la permanence et croient que la personne décédée peut revenir ou encore qu'ils peuvent lui rendre visite.

ENTRE CINQ ET HUIT ANS

Les enfants de cet âge apprennent à envisager la mort comme l'état final de tout être vivant, y compris d'eux-mêmes. Ils peuvent :
- poser beaucoup de questions ;
- être curieux sur les phénomènes corporels ;
- s'adonner à la pensée magique : cela peut se manifester par un processus mental qui leur fait croire qu'ils sont la cause du décès ou craindre que la mort soit contagieuse.

ENTRE NEUF ET 11 ANS

Durant la préadolescence, les enfants :
- se rendent compte que la mort peut arriver à n'importe qui, jeune ou vieux ;
- peuvent continuer à croire qu'ils sont invincibles ;
- comprennent qu'une personne peut continuer à « vivre » dans les souvenirs des autres.

LE DEUIL CHEZ LES ADOLESCENTS

Les adolescents qui vivent le suicide d'un membre de la famille ou d'un ami peuvent faire face à la mort pour la première fois. C'est durant l'adolescence que les jeunes vivent plusieurs nouvelles expériences et c'est pourquoi ils réagissent parfois de façon dramatique. Comme pour tout ce qui est nouveau, les adolescents ne peuvent pas profiter d'expériences antérieures et ne savent pas comment composer avec leur peine. Ils vivent le deuil de façon différente des adultes, et parce que leur cerveau est en train de se développer, ils n'ont pas encore acquis de bonnes habiletés pour résoudre les problèmes.

Les jeunes vivent souvent le deuil de façon plus collective et moins privée que les adultes. Ils peuvent manifester plus de colère et se sentir coupables de ne pas avoir compris le risque de suicide ou su quoi faire pour le prévenir. Tout comme les adultes, ils se demanderont pourquoi et comment quelqu'un peut mettre fin à sa vie. Ils peuvent toutefois aussi être conscients de leurs propres tendances autodestructrices.

Ils peuvent trouver du réconfort auprès de leurs camarades ou d'autres groupes desquels ils font partie (tels que les clubs, les équipes ou les groupes religieux ou culturels). Les jeunes utilisent souvent la technologie pour s'exprimer et cela peut les aider dans leur deuil (tel qu'écrire un journal en ligne ou un blogue pour honorer la personne).

Signes de deuil chez les adolescents

Tout comme chez les adultes et les enfants, les adolescents expriment leur deuil de différentes façons. Voici des signes courants de deuil chez les adolescents :
- ils ont l'air confus, déprimés, en colère ou se sentent coupables ;
- ils se plaignent de problèmes physiques, par exemple d'avoir de la difficulté à dormir ou à manger ;
- ils cachent leur douleur pour être acceptés de leurs pairs ;
- leurs habitudes de travail à l'école changent, par exemple ils

se plongent dans les travaux scolaires et réussissent très bien ou encore ils sont incapables de se concentrer et leur scolarité en souffre ;
- ils se sentent différents ou sentent qu'ils ne font plus partie de leur groupe de camarades ;
- ils comptent sur leurs amis pour les soutenir ou se dirigent vers un autre groupe qui semble mieux les comprendre ;
- ils peuvent devenir plus responsables et assumer les rôles et responsabilités de la personne décédée (surtout si c'était un de leurs parents), ou être plus serviables envers leurs parents ou le parent survivant ;
- ils peuvent devenir préoccupés à l'excès par la sécurité des membres de la famille et de leurs amis ;
- ils peuvent sentir qu'ils ont perdu leur famille à cause de la dynamique qui a changé.

Étape du développement et perceptions du décès

La plupart des adolescents comprennent que tout le monde meurt, mais la mort est un phénomène distant pour eux.

COMMENT AIDER LES JEUNES À COMPOSER AVEC LE DEUIL

La gravité d'une telle perte chez les jeunes entraîne également la perte de l'innocence de l'enfance. Les jeunes voient leur monde voler en éclats. Leur vie autrefois prévisible est devenue incertaine et angoissante. Pourtant, les enfants et les adolescents en deuil sont étonnamment résilients et, avec le soutien des gens qui leur sont chers, peuvent assumer leur chagrin et commencer à guérir. Peu importe la façon dont ils vivent le deuil, les enfants et les adolescents ont besoin de ce soutien.

Les manifestations d'amour et le soutien continu sont les plus beaux cadeaux que vous puissiez faire à un enfant ou à un adolescent en deuil. Si vous vivez aussi un deuil, assurez-vous d'avoir vos propres réseaux de soutien tout en soutenant vos enfants.

Il y a plusieurs façons dont vous pouvez aider les jeunes à composer avec le décès et avec leur deuil. Voici quelques suggestions.

Parler du décès

- Soyez « présent » et attentif à ce qu'ils disent, mais tout aussi à ce qu'ils ne disent pas.
- Ne forcez pas un jeune à parler du décès. Attendez qu'il soit prêt.
- Créez un environnement sécuritaire et bienveillant où les jeunes se sentent à l'aise de vous poser des questions.
- Répondez à leurs questions. Si les jeunes n'obtiennent pas de réponses à leurs questions, ils imaginent des scénarios qui sont souvent bien pires.
- Répondez seulement aux questions que les jeunes vous posent. Ne donnez pas plus d'information qu'il n'en faut.
- Décrivez avec exactitude ce qui s'est produit en utilisant des concepts et des mots que les jeunes peuvent comprendre. Par exemple, ne dites pas « Tantine dort » ; vous pourriez plutôt dire « Tantine était malade et a décidé d'arrêter la machine de son corps ».
- Encouragez les enfants et les adolescents à exprimer leurs pensées, leurs émotions et leurs craintes. Aidez-les à mettre des mots sur ces émotions.
- Faites comprendre aux jeunes qu'il n'y a rien de mal à se sentir heureux ou encore tristes. Le fait de se sentir heureux (ou de se sentir mieux) ne signifie pas qu'ils n'éprouvent pas de

tristesse à propos du décès ou qu'ils ont oublié la personne.

Garder les routines

· Assurez-vous de garder la continuité des activités et des routines pour les enfants et les jeunes.

· Faites-les participer à des activités qui peuvent les tenir occupés sans trop penser à ce qui s'est passé ou encore à célébrer la vie de la personne, par exemple : dessiner, jouer avec de la pâte à modeler, écrire, s'amuser avec des jouets, créer un album-souvenir de photos ou une boîte contenant des objets préférés de la personne, encadrer une photo de la personne, planter un arbre ou préparer un jardin en son honneur, allumer une chandelle commémorative ou visiter le cimetière.

Le chemin de la guérison

LA SITUATION S'AMÉLIORERA

Guérir ne veut pas dire oublier. Cela signifie que la tristesse et les autres émotions associées au deuil ne perturbent pas la vie autant qu'au début. La douleur s'estompera et vous vous sentirez mieux éventuellement.

Continuer à parler

Certains survivants essaient de se renseigner sur le suicide et le processus du deuil ; d'autres préfèrent ne pas emprunter cette voie. Bon nombre de survivants disent que parler les a aidés à vivre leur deuil. Au fil de votre guérison, parlez de vos souvenirs à propos de la personne suicidée. Trouvez un confident, ou plusieurs confidents, qui sont prêts à vous écouter parler de votre douleur. Il n'est pas nécessaire que ces personnes aient vécu le suicide avec vous.

Lorsque vous parlez ouvertement du suicide, vous donnez la permission aux autres d'en parler aussi. En gardant le suicide un secret, vous alimentez le sentiment de honte. Beaucoup plus de gens que vous ne le croyez ont été touchés par le suicide.

Vous pourriez avoir besoin de temps en temps d'être distrait de votre deuil. C'est tout à fait normal. Ne vous sentez pas coupable de vous adonner à d'autres activités pendant un certain temps.

Conserver vos souvenirs

Bien souvent, les jeunes, comme les adultes, trouvent du réconfort en conservant des objets qui leur rappellent la personne, comme des meubles, des vêtements, des bijoux ou des objets favoris. Vous pourriez créer un album de photos de la personne décédée. Vous pourriez demander aux autres de vous raconter leurs souvenirs de la personne décédée et les consigner dans un cahier.

Les stratégies efficaces pour vous

Parfois, les amis et la famille veulent vous aider, mais ne savent pas comment s'y prendre. Ils peuvent se sentir mal à l'aise de parler du suicide à cause des préjugés qui y sont accolés. Ils peuvent s'inquiéter de vous voir pleurer lorsqu'ils abordent le sujet. Ils peuvent se comporter de façon étrange et ne pas mentionner le suicide du tout. Cela ne devrait pas vous empêcher d'en parler lorsque vous en avez besoin. Laissez savoir à votre entourage qu'ils peuvent parler du suicide et qu'ils peuvent vous aider simplement en vous écoutant. La plupart des gens veulent vraiment votre bien.

Faites ce qui vous semble le mieux pour vous, et non pas ce qui plaît aux autres. Vous êtes en droit de dire « non » lorsque vous êtes invité à une activité que vous n'êtes pas encore prêt à faire.

RÉACTIONS ULTÉRIEURES

Certains survivants éprouvent une douleur et un vide encore plus grands plusieurs mois après le décès. La planification des funérailles est terminée et les questions financières et juridiques ont été réglées. Les amis et la famille ont offert leurs sympathies et sont retournés à leurs activités normales. Préparez-vous à cette situation et demandez de l'aide lorsque vous en avez besoin.

Les moments difficiles

Il y aura plusieurs périodes au cours des années lorsque la perte vous semblera encore plus difficile, par exemple lors de l'anniversaire du décès, la date d'anniversaire de la personne décédée et les vacances. Ces occasions peuvent intensifier votre tristesse et vous pourriez vous sentir encore plus vulnérable dans les jours ou les semaines qui précèdent ces occasions. Il peut être utile de faire des plans et de parler aux autres membres de la famille sur la façon dont ils veulent passer la journée. Cela donne à tous la chance de s'entraider et de parler de leur tristesse.

L'anxiété éprouvée à l'approche de la date comme telle est souvent plus intense les jours précédents que la journée elle-même. Il peut être utile d'établir des rituels pour souligner les jours importants. Le rituel peut être répété chaque année ou changé au fil du temps.

D'autres situations difficiles et imprévisibles surviendront, par exemple recevoir une lettre ou un appel adressé à la personne, ou encore rencontrer quelqu'un qui ne sait pas que la personne est décédée. Encore là, il peut être utile d'avoir pratiqué un énoncé ou d'avoir rédigé à l'avance une lettre ou un courriel pour faire face à ces événements.

Trouver les réponses

Vous ne saurez peut-être jamais la raison exacte pour laquelle la personne a mis fin à ses jours. Les survivants identifient souvent ce qu'ils considèrent comme un événement déclencheur, par exemple une rupture, comme étant la cause du suicide mais, dans la plupart des cas, la personne éprouvait déjà depuis long-temps une douleur émotive ou physique extrême. À mesure que vous composez avec votre tristesse, vous apprendrez graduelle-ment à vivre avec des questions qui n'ont pas de réponse.

GROUPES D'ENTRAIDE

Vous pourriez trouver du réconfort auprès d'autres survivants à un suicidé. L'expérience commune a un fort pouvoir de guérison, et le fait de parler à d'autres personnes qui ont perdu un être cher à la suite d'un suicide peut vous aider à vivre votre deuil. Partager votre expérience peut vous aider à briser votre senti-ment d'isolement et à sentir que vous n'êtes pas seul dans cette épreuve.

Divers organismes proposent des groupes de soutien aux personnes endeuillées. Vous pourriez préférer vous joindre à un groupe de personnes ayant vécu une perte similaire à la suite d'un suicide (par exemple, la perte d'un conjoint, d'un enfant, d'un frère ou d'une sœur).

Vous pouvez aussi trouver du réconfort auprès de gens et de groupes qui partagent vos valeurs spirituelles, religieuses ou culturelles et qui peuvent mieux comprendre votre expérience du décès et du suicide. Les Autochtones par exemple peuvent trouver du réconfort en parlant à un Aîné, en participant à un cercle de la parole ou en se rendant dans une suerie.

Pour obtenir de l'aide ou de l'information, voir la section 5 (« Ressources »).

THÉRAPEUTES PROFESSIONNELS

Le deuil est une réaction normale et saine à une perte importante dans la vie. Un thérapeute peut vous guider et vous aider à mieux comprendre votre épreuve. Un professionnel peut aussi dissiper certains des mythes associés au deuil et vous aider à évaluer si vous avez besoin de médicaments.

Pour trouver un thérapeute, voir la rubrique « Thérapeutes professionnels » dans la section 5 (« Ressources »).

PRENDRE SOIN DE SOI

Aujourd'hui...

Vivre un deuil prend de l'énergie, alors pardonnez-vous lorsque vous ne pouvez simplement pas faire les choses que vous « devriez » faire. Au début, simplement passer à travers la journée peut vous demander toute votre énergie, particulière-ment si vous devez prendre soin d'autres personnes ou vous occuper des questions pratiques abordées précédemment. Plus vous prendrez soin de vous, mieux vous serez équipé pour passer à travers chaque journée. Chaque personne est unique. Ce qui fonctionne pour l'une peut ne pas fonctionner pour une autre. Et il arrive que des stratégies qui sont efficaces un jour ne le soient plus le lendemain. Voici quelques suggestions qui pourraient vous être utiles :

- Réservez-vous du temps. Prenez ce temps pour penser, planifier, méditer, prier, écrire votre journal, vous souvenir et vivre votre peine.
- Entourez-vous de gens en qui vous avez confiance et qui peuvent vous soutenir durant cette épreuve.
- Acceptez l'aide offerte. N'hésitez pas à dire aux gens ce dont vous avez besoin. Souvent, ils ne savent pas quoi dire ni comment aider à moins qu'on le leur dise directement. Par exemple, vous pourriez suggérer certaines corvées aux amis et aux membres de la famille qui veulent vous aider (p. ex., tondre le gazon, faire l'épicerie ou vous accompagner dans une promenade). Vous pourriez créer un forum, par exemple un blogue, où vous dites aux gens comment ils peuvent vous aider.

Un jour...

Au fil du temps, vous trouverez le courage et les ressources pour continuer à avancer et aurez l'énergie de prendre soin de vous de façon plus délibérée. Voici quelques suggestions :
- Prenez soin de votre santé. Alimentez-vous de façon équilibrée et faites de l'activité physique. Buvez beaucoup d'eau et évitez ou limitez la consommation d'alcool, de caféine et de tabac. *Consultez le site Web de l'Agence de santé publique du Canada à www.phac-aspc.gc.ca pour plus d'information sur tous ces aspects de votre santé.*
- Tenez un journal. Consignez vos pensées, sentiments, espoirs et rêves. Les coucher sur papier peut vous aider à les rendre plus réels. Utilisez la technologie (telle que le courriel

et Facebook) pour garder le contact avec les gens.

- Parlez de vos sentiments. Confiez-vous à un ami, à un membre de la famille, à un collègue, à un chef spirituel ou religieux ou à un thérapeute professionnel en qui vous avez confiance.
- Pratiquez des techniques de relaxation telles que la respiration profonde et la visualisation.
- Faites appel à la musique, aux arts et aux autres thérapies d'expression artistique pour explorer et comprendre vos émotions.
- Lisez sur le suicide, le deuil et les façons dont les gens ont recours à la spiritualité pour composer avec la tragédie. Vous pouvez trouver cette information à votre bibliothèque, dans les librairies, les salons funéraires, les organismes commu-nautaires, les lieux de culte et sur Internet. *Pour une liste de suggestions de lecture, voir la section 5 (« Ressources »).*
- Créez votre propre liste de ressources. Incluez-y les gens et les organisations qui peuvent vous aider, vous et votre famille, quand ça ne va pas bien.
- Prenez une pause de votre deuil. Allez au cinéma, visitez un musée ou une galerie d'art, adonnez-vous à un passe-temps ou faites une promenade avec un ami.
- Rétablissez une routine dans votre vie. Un horaire structuré et le retour au travail ou l'établissement d'une nouvelle routine sont souvent utiles pour les survivants.
- Donnez de votre temps à la communauté. Bien des survivants ont trouvé un sentiment de paix et de satisfaction en partageant leur compassion et en utilisant leur expérience pour aider les autres.
- Prenez votre temps. Reconnaissez chaque pas que vous faites en avant et récompensez-vous.

Quelles que soient les stratégies que vous adoptez, assurez-vous qu'elles sont les bonnes pour vous.

3

Questions pratiques

Les funérailles sont un important rituel qui permet aux familles et aux amis de faire le point et de vivre leur deuil entourés de personnes chères. Ils peuvent dire au revoir au disparu et commencer à accepter la réalité de sa disparition.

Préparer des funérailles

Avant d'organiser des funérailles, les survivants doivent déterminer qui est légalement responsable de prendre ces dispositions. Bien des personnes avaient des relations compliquées avec le défunt, alors il n'est pas toujours aisé de savoir à qui reviendra ce rôle.

Il est utile de nommer un représentant de la famille : une personne qui pense clairement, sait ce qu'il faut faire et est respectée de la plupart des membres de la famille. Cette personne peut être un parent éloigné ou un ami proche de la famille. Ce n'est pas elle qui prendra les décisions ; son rôle est d'accompagner la famille au salon funéraire et de l'aider à prendre des décisions sensées.

Un ami, un membre de la famille ou du clergé, ou le directeur du salon funéraire peut vous aider à décider du type d'arrangements funéraires qui convient le mieux. Respectez les vœux du défunt dans la mesure du possible s'il les avait déjà communiqués. Le défunt a peut-être déjà pris des arrangements pour son enterrement, laissé des directives par écrit à propos de l'utilisation de son corps, ou encore fait savoir, vous ou quelqu'un de la famille, ce qu'il désirait à sa mort.

Les normes et les coutumes entourant les services funéraires varient. Les divers groupes spirituels, culturels et religieux ont chacun leurs propres rites pour souligner la mort.

Lorsque vient le temps de choisir un salon funéraire, demandez des suggestions aux membres de votre famille, à vos amis et à des chefs spirituels et religieux ou encore regardez dans le bottin. Vous voudrez sans doute rencontrer le personnel de divers salons afin de trouver celui qui convient le mieux en ce qui a trait aux types de services et d'installations offerts, ainsi qu'aux coûts.

SERVICE FUNÈBRE ET ENTERREMENT

Les funérailles permettent à la famille et aux proches de dire au revoir au défunt et d'accepter son départ. Les funérailles et les rites qui y sont associés sont un baume pour les survivants et sont une partie importante du processus de guérison.

Le service ou la cérémonie funèbre se tient souvent dans un lieu de culte ou à la chapelle du salon funéraire. Toutefois, c'est à la famille de décider quel type de cérémonie elle désire et où elle veut qu'elle ait lieu. Si vous avez de la difficulté à prendre une décision à ce moment, faites-vous épauler par une personne de confiance.

Vous pouvez opter pour un service public ou privé et voudrez sans doute suivre les normes établies par les pratiques religieuses ou spirituelles du défunt concernant la mort.

La cérémonie d'adieu est un bref service où l'on prononce un discours d'adieu au défunt. Elle se tient habituellement à la fin d'un service traditionnel et peut avoir lieu au cimetière, au crématorium ou dans un établissement religieux.

Lors d'un service militaire, le défunt a droit aux honneurs militaires, qu'il soit ancien combattant ou membre actif des Forces armées canadiennes.

Un service commémoratif est semblable aux obsèques, à la différence que le corps du défunt n'est pas sur les lieux.

Si vous décidez de n'avoir aucun service, vous pouvez demander au salon funéraire de préparer le corps pour l'inhumation ou la crémation.

Il est fréquent que la famille prévoie du temps pour les visites (par exemple, au salon funéraire quelques jours avant le service funèbre ou encore à domicile, quelques jours après le service). La période de visites peut s'avérer importante pour la guérison, car elle permet aux amis et à la famille d'offrir du réconfort.

PRÉSENCE DES ENFANTS AUX FUNÉRAILLES

Encouragez les enfants à prendre part aux funérailles ou à la cérémonie, car ces gestes les aideront à gérer leur affliction. Il est conseillé de parler aux enfants à l'avance de ce qui se produira et du comportement que l'on attend d'eux et ce, dans un langage propre à leur âge. Si, d'autre part, un enfant ne veut pas assister aux obsèques, rassurez-le et dites-lui que ça ne pose aucun problème et aidez-le à vivre son deuil à sa façon.

Proposez aux enfants de jouer un rôle dans la planification des funérailles et offrez-leur certains choix (ce qu'ils porteront ou encore s'ils désirent déposer une fleur sur le cercueil). Les enfants ont le droit de changer d'idée, par exemple de refuser d'assister aux funérailles, même à la dernière minute.

ABORDER LE THÈME DU SUICIDE AUX FUNÉRAILLES

Il n'y a aucun problème à parler du suicide durant la cérémonie, tant que cela est fait sans porter de jugement. On peut aussi aborder la douleur que le défunt ressentait de son vivant. Même s'il est difficile d'aborder le thème du suicide, il est habituellement encore plus difficile de consacrer toute son énergie à camoufler la cause du décès. En général, les gens se montreront très respectueux de votre douleur et ne vous poseront pas de questions indiscrètes.

Honorez la vie de l'être cher et relatez des souvenirs de lui. Certains survivants ont trouvé utile de placer un carnet sur une table et d'encourager les personnes venues assister aux obsèques à écrire leurs souvenirs du défunt. Acceptez de pleurer la relation que vous entreteniez avec le défunt. Les funérailles sont pour les personnes en vie : elles permettent de souligner qu'une vie précieuse vient de s'éteindre et que cette perte laisse un grand vide dans la vie des personnes laissées derrière.

AVIS DE DÉCÈS

La rédaction d'une notice nécrologique n'est pas une tâche facile. Certaines familles n'ont aucune difficulté à se montrer ouvertes et franches, contrairement à d'autres. Le personnel du salon funéraire peut vous aider à préparer cette notice. Des chefs religieux ou spirituels peuvent aussi vous aider à trouver les mots appropriés. Choisissez des mots qui ne perpétuent pas les préjugés accolés au suicide.

FRAIS FUNÉRAIRES

Les salons funéraires sont tenus de fournir gratuitement la liste de leurs services ainsi que le prix de leurs produits, et ce, sans obligation de votre part afin que vous puissiez évaluer la totalité des coûts avant de prendre une décision. En Ontario, les coûts moyens de funérailles s'élèvent entre 7 000 $ et 10 000 $. Ces coûts peuvent être inférieurs selon les services et les produits choisis.

De nombreuses familles comptent sur l'assurance-vie du défunt pour les aider à assumer ces dépenses. Cependant, il faut tenir compte qu'un décès par suicide réduira le montant de l'indemnité. Un courtier d'assurance pourra vous aider à remplir la demande d'indemnité.

Vous pouvez aussi trouver de l'aide financière auprès des organismes et programmes suivants : prestation de décès du Régime de pensions du Canada, ministère des Anciens Combattants (pour les anciens combattants ou employés du ministère de la Défense nationale), conseils de bande ou le ministère des Affaires indiennes et du Nord canadien (pour les personnes ayant le statut d'Indien), les programmes d'avantages sociaux d'entreprises, ainsi que le ministère provincial ou territorial des Services sociaux si vous êtes déjà bénéficiaire de prestations ou ne pouvez assumer ces frais. En outre, le salon funéraire peut souvent vous aider à remplir les formulaires requis pour l'obtention d'une aide financière ou communiquer en votre nom avec le ministère des Services sociaux.

Pour de plus amples renseignements sur les ressources financières, consultez la section « Questions financières » à la page 42 ou la section « Prestations et indemnités » à la page 52.

Questions personnelles, juridiques et financières

Après un décès, vous aurez à régler un certain nombre de questions juridiques et financières. N'hésitez pas à vous faire épauler par la famille ou des amis proches dans cette tâche durant ces moments difficiles.

Certains salons funéraires feront une partie du travail pour vous en avisant les bureaux gouvernementaux du décès. Ceci pourrait comprendre remplir des documents concernant le numéro d'assurance sociale, la carte Santé et le passeport ainsi que le Régime de pensions du Canada.

Vous ferez sans doute des choix plus réfléchis si vous demandez conseil à des professionnels avant de prendre des décisions importantes qui peuvent avoir des répercussions sur votre situation juridique, personnelle ou financière.

PREMIÈRE ÉTAPE : RÉUNIR LA DOCU-MENTATION

Quand il est question de finances, il faut en premier lieu réunir tous les documents du défunt. C'est la première chose à faire avant que vous (votre conseiller financier ou l'exécuteur testamentaire) puissiez aborder les questions de succession. Procurez-vous un dossier où vous classerez tous les documents personnels, juridiques et financiers.

ÉTAPES SUIVANTES : PRENDRE LES MESURES APPROPRIÉES

Une fois que vous avez en main tous les documents nécessaires, vous devrez prendre des mesures pour annuler, transférer et faire des demandes relativement à diverses prestations ou responsabilités financières. Certaines de ces démarches occasionnent des frais.

Cette section aborde les questions les plus courantes que vous devrez régler, classées sous les sous-titres suivants : documents personnels, succession, soins de santé, questions financières, questions juridiques, biens, abonnements, prestations et indemnités, et planification de votre succession.

Documents personnels

La liste ci-après comprend tous les documents personnels qu'il serait utile d'avoir à portée de main.

❑ **Certificat de décès**

Vous devez détenir le certificat de décès avant de pouvoir faire les transferts et les annulations nécessaires, présenter des demandes de prestations et assumer certaines obligations. Certaines transactions nécessiteront des copies certifiées de certificat de décès tandis que pour d'autres, une copie suffira.

Si le salon funéraire ne fournit pas de copies certifiées ou si vous avez besoin d'autres copies, vous pouvez vous les procurer auprès de www.serviceontario.ca ou en composant le 1 800 461-2156.

❑ **Certificat de naissance**

❑ **Carte de statut d'Indien**

On appelle aussi cette carte un Certificat du statut d'Indien.

❑ **Permis de conduire**

Vous pouvez annuler le permis de conduire du défunt et vous faire rembourser la portion non utilisée des droits payés au bureau du ministère des Transports.

Une fois au bureau, vous devrez remplir un formulaire de remboursement et y joindre le permis de conduire et une copie du certificat de décès. Le personnel du ministère pourra vous renseigner davantage au 1 800 387-3445.

❑ **Certificat de mariage**

❏ **Passeport**
Si le défunt détenait un passeport valide au moment de son décès, vous pouvez le rendre nul et sans effet en coupant en diagonale le coin supérieur droit du passeport.

Vous pouvez aussi renvoyer le passeport par la poste accompagné d'une copie du certificat de décès à l'adresse suivante : Bureau des passeports, ministère des Affaires étrangères et du Commerce international, Ottawa (ON) K1A 0G3. Le Bureau des passeports annulera le passeport. Si vous désirez garder le passeport en guise de souvenir, vous pouvez demander qu'on vous le renvoie.

❏ **Testament**
Voir le sous-titre « Succession » ci-après.

❏ **Numéro d'assurance sociale**
Vous devez annuler le numéro d'assurance sociale de la personne décédée.

Vous pouvez procéder en envoyant la carte ainsi qu'une copie du certificat de décès à Immatriculation aux affaires sociales, C.P. 7000, Bathurst (N.-B.) E2A 1A2. Vous pouvez aussi apporter la carte à votre bureau local de Ressources humaines et Développement des compétences Canada. Vous pouvez joindre ce service au 1 800 206-7218.

Succession

La répartition des biens d'une personne décédée est habituellement faite au moyen d'un testament. Un testament est un document écrit qui précise en détail comment la personne désire que l'on dispose de ses possessions à son décès. L'exécuteur est responsable de s'occuper de cette tâche et devrait être avisé le plus tôt possible après le décès.

Vous devez vous renseigner pour savoir si le défunt avait un testament et obtenir le dernier testament daté et signé. Ce genre de document se trouve habituellement dans la maison du défunt, son coffre bancaire ou au bureau de son avocat.

EN PRÉSENCE D'UN TESTAMENT

L'homologation d'un testament est l'établissement de sa validité par un tribunal. Le recours à l'homologation n'est pas nécessaire si la succession est petite ou si elle est détenue conjointement. On peut facilement transférer les biens au conjoint survivant ou au bénéficiaire désigné si les biens lui appartiennent conjointement (comme une propriété, des comptes bancaires et des obligations). Une banque peut demander une homologation entre autres si le défunt détenait une grosse somme d'argent qui n'était pas détenue conjointement.

EN PRÉSENCE D'UNE LETTRE MANUSCRITE

Il arrive aussi qu'une lettre manuscrite et signée qui établit en détail la distribution des biens du défunt soit considérée comme un testament. Ceci peut comprendre les lettres laissées par un suicidé ; ces lettres peuvent toutefois être contestées par la cour pour cause d'incapacité mentale. Communiquez avec votre avocat pour obtenir plus de renseignements.

EN L'ABSENCE DE TESTAMENT OU DEVANT UNE SITUATION COMPLIQUÉE

Le Bureau du Tuteur et curateur public protégera les intérêts des bénéficiaires éventuels d'un résident de l'Ontario qui est décédé et a laissé une succession, mais n'a nommé personne pour l'administrer.

Si votre situation est compliquée pour d'autres raisons, par exemple parce que vous étiez séparé ou viviez en union libre, vous devez communiquer avec un avocat.

Pour obtenir plus d'information sur les testaments, les procurations et le Bureau du Tuteur et curateur public, communiquez avec le ministère du Procureur général au 1 800 518-7901 ou rendez-vous sur le site www.attorneygeneral.jus.gov.on.ca/french/ default.asp.

Soins de santé

❏ **Assurance santé de l'Ontario**
Vous devez annuler la couverture du défunt à l'Assurance santé de l'Ontario.

Vous devrez vous procurer le formulaire « Demande de modification » sur le site http://www.health.gov.on.ca/french/ publicf/formsf/form_menusf/ohip_fmf.html. Postez le formulaire dûment rempli accompagné du certificat de décès et de la carte Santé (coupée en deux) au ministère de la Santé et des Soins de longue durée, C.P. 48, Kingston (ON) K7L 5J3. Pour obtenir de l'aide dans cette démarche, communiquez avec ServiceOntario au 1 800 268-1154.

❏ **Assurance maladie complémentaire**
Si le défunt avait souscrit une assurance maladie complémentaire, comme la Croix Bleue de l'Ontario, vous devez communiquer avec l'assureur et annuler sa police.

❏ **Médicaments sur ordonnance**
Communiquez avec la pharmacie avec laquelle le défunt faisait affaire afin de fermer son dossier. Certaines pharmacies

remboursent les médicaments non utilisés et rendus dans leur flacon intact.

❑ **Fournisseurs de soins de santé**
Avisez les médecins, dentistes et autres fournisseurs de soins de santé du décès de la personne.

Questions financières

Vous devrez dresser la liste de tous les actifs et passifs du défunt (incluant les dettes).

❑ **Comptes bancaires**
Communiquez avec toutes les institutions financières (p. ex., banques, fiducies, caisses populaires) auprès desquelles le défunt détenait des comptes de chèques et d'épargne afin de les aviser du décès. Demandez aux banques émettrices de cartes de débit d'annuler celles au nom du défunt.

Tout compte conjoint peut être transféré au survivant. Vous devrez vous informer auprès de votre conseiller financier ou de la banque détentrice de ces comptes pour savoir exactement comment effectuer le transfert.

Si vous désirez vous renseigner sur tout solde bancaire non réclamé, appelez la Banque du Canada au 1 888 891-6398.

❑ **Coffre bancaire**
Prenez rendez-vous avec le gérant de la banque pour examiner le contenu du coffre bancaire du défunt.

❑ **Cartes de crédit**
Communiquez avec l'institution émettrice (comme les

banques et les magasins) afin d'annuler toutes les cartes de crédit que détenait le défunt. La plupart des cartes de crédit portent au verso un numéro sans frais 1 800. Vous devrez envoyer un certificat de décès à la compagnie afin d'annuler la signature du défunt sur les cartes de crédit conjointes.

❑ Placements
Informez-vous auprès de votre conseiller financier ou de votre banque pour savoir comment transférer cet actif (p. ex., actions, obligations, CPG et REÉR).

❑ Obligations d'épargne du Canada
Vous pouvez annuler ou encaisser les obligations d'épargne du Canada que détenait le défunt.

Pour obtenir plus d'information sur le transfert ou l'encaissement des obligations d'épargne du Canada d'une personne décédée, composez le 1 800 575-5151 ou consultez le site Web www.oec. gc.ca.

❑ Prestations du Régime de pensions du Canada
Vous devez annuler les prestations du Régime de pensions du Canada (RPC). La succession a droit au chèque du défunt pour le mois durant lequel le décès est survenu.

Vous devez aviser Service Canada du décès en composant le 1 800 277-9914 ou en écrivant une lettre à l'un des bureaux régionaux en Ontario. Pour obtenir plus de détails, appelez le numéro 1 800 ou rendez-vous sur le site Web www.servicecanada.gc.ca.

❑ **Prestations de la Sécurité de la vieillesse**
Vous devez annuler ces prestations. La succession a droit au chèque du défunt pour le mois durant lequel le décès est survenu.

Vous devez aviser Service Canada du décès en composant le 1 800 277-9914 ou en écrivant une lettre à l'un des bureaux régionaux en Ontario. Pour obtenir plus de détails, appelez le numéro 1 800 ou rendez-vous sur le site Web www.servicecanada.gc.ca.

❑ **Prestations d'autres pays**
Si le défunt recevait des prestations d'autres pays, vous devez aviser les autorités respectives du décès afin d'annuler les prestations et de verser, le cas échéant, des prestations aux survivants.

❑ **Prestations des Services aux anciens combattants**
Si le défunt recevait des prestations du ministère des Anciens Combattants, vous devez aviser le ministère du décès.

Pour de plus amples renseignements, composez le 1 866 522-2122 ou consultez le site Web à www.vac-acc.gc.ca.

❑ **Aide sociale**
Vous devez annuler les prestations ou indemnités que le défunt recevait du programme Ontario au travail ou du Programme ontarien de soutien aux personnes handicapées.

Pour de plus amples renseignements, appelez ServiceOntario au 1 800 267-8097.

❏ Assurance-vie

Avisez les compagnies d'assurance-vie du décès de la personne et informez-vous s'il y a des sommes qui seront versées. Le défunt a peut-être souscrit plus d'un type de police d'assurance (p. ex., une police personnelle ou encore une police à son travail).

Au Canada, pour la plupart des types d'assurance-vie, le titulaire doit avoir payé des primes pendant au moins 24 mois pour que la police soit valide en cas de décès par suicide (vérifiez les exclusions dans la police.) Il peut aussi exister des circonstances spéciales qui permettent à la famille de contester l'invalidité de la police si le défunt détenait sa police depuis moins de 24 mois avant de se suicider. Consultez un avocat ou la compagnie d'assurance pour avoir plus de renseignements à ce sujet.

❏ Assurance-vie hypothécaire

Si le défunt détenait une assurance-vie hypothécaire (elle diffère d'une assurance prêt hypothécaire), l'hypothèque sera réglée au décès du souscripteur. La compagnie hypothécaire demandera une copie du certificat de décès. Certaines polices ne couvrent pas les décès par suicide s'il survient moins de deux ans après le début de la souscription. Lisez la police ou consultez la banque pour obtenir des détails précis.

❏ Contrats de prêt

Vous devez vous renseigner sur les prêts individuels et con-joints contractés auprès des banques et autres institutions. Ils ne sont peut-être pas assurés.

Vous devez aussi vous informer de tous les autres prêts personnels que le défunt avait faits ou contractés (sommes dues et à rembourser).

❏ Baux et contrats de location
Vous devez annuler tout bail et autre contrat de location au nom du défunt ou encore les transférer à un tiers.

❏ Pension alimentaire pour conjoint ou pour enfants
Si le défunt versait une pension alimentaire à son conjoint ou pour son enfant, vous devez vous informer si le défunt devait encore des sommes d'argent aux bénéficiaires.

Pour obtenir de plus amples renseignements à ce sujet, communiquez avec le Bureau des obligations familiales au 1 800 267-4330 (pour parler à un agent), au 1 800 267-7263 (service automatisé) ou encore visitez le site Web www.justice.gc.ca.

❏ Frais des obsèques
Présentez au gérant de la banque toutes les factures finales (du salon funéraire par exemple) et la preuve de décès du salon funéraire ou le certificat de décès. La plupart des institutions financières tireront une traite bancaire du compte du défunt afin de régler les dépenses associées aux funérailles. La banque émettra les traites au nom des compagnies qui figurent sur les factures.

❏ Compte de la succession
Vous devrez peut-être ouvrir un compte au nom de la succession afin de protéger la masse successorale. Obtenez plus d'information à ce sujet auprès de sources juridiques et de conseillers juridiques dignes de confiance.

❏ Impôt sur le revenu
Il faut remplir une dernière déclaration d'impôts pour le défunt.

Si le décès survient entre le 1ᵉʳ janvier et le 31 octobre, la déclaration T-1 doit être envoyée au plus tard le 30 avril de l'année suivante. Si le décès survient entre le 1ᵉʳ novembre et le 31 décembre, la déclaration T-1 doit être envoyée dans les six mois suivant la date du décès. Le cas échéant, il faudra aussi préparer les déclarations des années antérieures qui n'avaient pas été envoyées. S'il faut établir une fiducie de succession, vous devrez remplir une déclaration T-3 pour chaque année durant laquelle la fiducie est en vigueur.

Il peut être utile de demander un certificat de décharge avant de distribuer tout bien sous votre responsabilité. Un tel certificat atteste que tous les montants dus à l'Agence du revenu du Canada par la personne décédée ont été payés ou encore qu'une garantie a été acceptée comme forme de paiement. Si vous n'obtenez pas de certificat de décharge, vous pourriez être tenu responsable de toute somme due par le défunt.

Pour obtenir plus de renseignements ou les formulaires nécessaires, communiquez avec l'Agence du revenu du Canada au 1 800 959-8281 ou consultez son site Web à www.cra-arc.gc.ca.

❏ **Crédit pour la TPS/TVH**
Les crédits pour la TPS/TVH sont versés tous les trimestres en juillet, octobre, janvier et avril.

Si le défunt recevait un crédit pour la TPS/TVH, son époux ou épouse ou conjoint de fait pourrait être admissible à ce crédit en fonction de son revenu net. Si le bénéficiaire maintenant décédé était mineur, les paiements cesseront le trimestre suivant la date du décès.

*Pour obtenir plus de renseignements sur le crédit pour la
TPS/TVH (y compris l'annulation et le remboursement des
paiements et l'admissibilité au crédit), communiquez avec
l'Agence du revenu du Canada au 1 800 959-8281 ou consultez
son site Web à www.cra-arc.gc.ca.*

❏ **Programmes de récompenses**
Si le défunt était membre de programmes de récompenses
(comme Air Miles, Aéroplan, HBC et Shoppers Optimum),
informez-vous auprès de ces programmes pour savoir si
vous pouvez transférer les points du défunt à un tiers.

❏ **Dettes**
La personne administrant la succession est responsable de
rembourser toutes les sommes d'argent que le défunt devait
à partir du compte de la succession. Il pourrait s'agir de ses
comptes de cartes de crédit, de ses dépenses médicales, de
ses primes d'assurance et de ses mensualités de voiture.

Questions juridiques

Vous devrez peut-être consulter un avocat à propos de divers
aspects de la succession, comme la disposition des biens (voir
la section Succession) et les questions de propriété foncière.

❏ **Homologation**
L'homologation peut s'avérer judicieuse ou préférable dans
certains cas. Consultez un avocat pour évaluer si cela est
nécessaire.

❏ **Poursuites**
Si le défunt avait des jugements existants, en sa faveur ou non,
la succession devra probablement veiller à leur exécution.

Biens

POSSESSIONS PERSONNELLES

Le défunt a peut-être désigné des bénéficiaires pour ses biens personnels comme des bijoux, des œuvres d'art ou des articles ménagers. Si le testament ne précise pas à qui remettre des articles précis, les membres de la famille pourraient trouver du réconfort à conserver certains biens en souvenir.

PROPRIÉTÉ

❑ **Titres fonciers**
Si le défunt possédait une propriété (maison, appartement en copropriété ou chalet) et avait désigné un bénéficiaire dans son testament, il faudra alors transférer la propriété à cette personne. Communiquez avec un avocat pour mettre à jour l'acte de transfert et établir qu'il n'y a aucun privilège qui grève la propriété (réclamations fondées en droit ou saisies) et qui pourrait empêcher son transfert immédiat ou sa vente.

❑ **Hypothèque**
Avisez le titulaire d'hypothèque du décès de la personne.

❑ **Logement locatif**
Si le défunt habitait dans un logement locatif, vous devez résilier son bail si vous le pouvez. Si c'est impossible, vous pourriez essayer de sous-louer le logement pour la durée restante du bail.

❑ **Services publics**
Vos devrez annuler ou transférer les comptes de services publics comme le téléphone, le câble, l'eau, l'électricité, le gaz et l'accès Internet. Si, par exemple, tous les comptes de services publics du ménage étaient au nom du défunt, vous

devrez les transférer à un autre nom. Informez-vous auprès de chaque compagnie de services publics pour savoir comment procéder.

❏ Assurance habitation

Vous devrez annuler ou transférer les polices d'assurance habitation sur toute propriété du défunt.

❏ Postes Canada

Postes Canada fera suivre gratuitement le courrier de la dernière adresse connue du défunt pendant un an.

Vous devez faire la demande de ce service en personne à un bureau de poste. Vous devrez présenter une copie du certificat de décès et la preuve que vous êtes le représentant légal du défunt. Vous pouvez obtenir plus de détails en composant le 1 800 267-1177 ou en consultant le site Web www.postescanada.ca.

VÉHICULES

❏ Immatriculation des véhicules

Si le défunt possédait des véhicules à son nom, vous devrez transférer le droit de propriété des véhicules. Avant de procéder, vous devrez vous assurer qu'il n'y a aucun privilège sur le véhicule ni qu'aucun testament n'en précise la disposition. Un agent du greffe du tribunal des successions pourra vous aider dans cette tâche.

Si le conjoint du défunt désire transférer le véhicule de ce dernier à son nom, il ou elle devra se présenter au bureau du ministère des Transports, avec une copie du certificat de décès, le testament et une preuve de propriété du véhicule, ainsi qu'une pièce d'identité.

Pour transférer le véhicule à un membre de la famille proche, il faut en premier transférer le véhicule au nom du conjoint survivant. Ce dernier pourra alors transférer le véhicule à titre de cadeau non imposable à un autre membre de la famille admissible. Pour obtenir plus de renseignements sur le transfert ou la vente d'un véhicule, communiquez avec le ministère des Transports au 1 800 387-3445 ou consultez le site Web à www. mto.gov.on.ca.

❑ **Assurance auto**
Vous devez annuler ou transférer l'assurance auto que souscrivait le défunt pour chacun de ses véhicules.

❑ **Permis de conduire**
Si le défunt détenait un permis de conduire valide, vous pouvez demander le remboursement de toute période non utilisée du permis lorsque vous avisez le Bureau d'immatriculation et de délivrance des permis de conduire de l'Ontario.

Pour obtenir de plus amples renseignements, communiquez avec le ministère des Transports au 1 800 387-3445 ou consultez le site Web www.mto.gov.on.ca.

❑ **Permis de stationnement accessible**
Afin d'annuler ce type de permis de stationnement, apportez ou postez le permis, accompagné d'une copie du certificat de décès ou d'une note expliquant le motif de l'annulation au Bureau d'immatriculation et de délivrance des permis de conduire du ministère des Transports.

Consultez le site Web du ministère des Transports à www.mto. gov.on.ca pour trouver le Bureau d'immatriculation et de délivrance des permis de conduire le plus près de chez vous.

Abonnements

Si le défunt était membre de diverses organisations, telles un club récréatif, un centre de conditionnement physique, une association professionnelle ou une bibliothèque, vous devrez annuler ces abonnements, ou si vous le pouvez, les transférer.

Prestations et indemnités

Au décès d'une personne, la succession ou les bénéficiaires désignés par le défunt reçoivent diverses sommes d'argent.

❑ **Avantages sociaux d'un employeur**
Avisez l'employeur du décès et encaissez la dernière paie du défunt. Discutez des dispositions à prendre pour l'envoi du feuillet T-4 et déterminez s'il y a des sommes exigibles en vertu d'avantages sociaux, comme le produit de l'assurance-vie collective, des commissions, des primes de rendement, des prestations de retraite et toute rémunération pour des jours de vacances ou congés de maladie non utilisés.

❑ **Assurance emploi**
Si le défunt recevait des prestations d'assurance emploi au moment de son décès, les sommes non perçues jusqu'au jour de son décès (inclusivement) peuvent être exigibles et seront alors versées à son représentant légal ou à son bénéficiaire.

Pour obtenir de plus amples renseignements, composez le 1 800 206-7218 ou consultez le site Web www.servicecanada.gc.ca.

❏ Prestations aux survivants du Régime de pensions du Canada

Le Régime de pensions du Canada (RPC) offre trois types de prestations aux survivants : une prestation de décès, une pension de conjoint survivant et une prestation aux enfants.

La **prestation de décès du RPC** est un paiement unique versé à la succession du défunt, à son conjoint survivant, à son conjoint de fait ou à son plus proche parent.

La **pension de survivant du RPC** sera versée au conjoint du défunt ou à son conjoint de fait. Les conjoints séparés légalement peuvent aussi bénéficier de cette prestation si le défunt ne vivait pas avec un conjoint de fait. Les conjoints de fait de même sexe peuvent aussi bénéficier de cette prestation. Le montant de la prestation sera calculé en fonction de l'âge du bénéficiaire survivant et d'autres facteurs de dépendance.

La **prestation aux enfants du RPC** peut être versée aux enfants à charge naturels ou adoptés du cotisant décédé ou aux enfants dont le cotisant prenait soin au moment de son décès. Sont admissibles à cette prestation les enfants de 17 ans ou moins ou ceux de 18 à 25 ans qui sont inscrits à temps plein dans une école ou une université.

Afin de savoir si vous êtes admissible à ces prestations ou pour en faire la demande, composez le 1 800 277-9914 ou consultez le site Web www.servicecanada.gc.ca. Faites la demande le plus tôt possible après le décès afin de recevoir toutes les prestations auxquelles vous avez droit. Vous devrez fournir de nombreux documents, dont une copie du certificat de décès.

❑ **Allocation au survivant**

Ce programme verse une prestation mensuelle non imposable aux veufs et veuves qui n'ont pas encore droit à la pension de la Sécurité de la vieillesse et qui ont entre 60 et 64 ans. Cette prestation est payable à toute personne qui, au moment du décès, était mariée au défunt, était son conjoint de fait ou partenaire de même sexe.

À 65 ans, la plupart des personnes qui reçoivent cette prestation commenceront à recevoir à la place la prestation de la Sécurité de la vieillesse. À ce moment, le survivant pourrait aussi avoir droit au Supplément de revenu garanti.

Afin de savoir si vous êtes admissible à ces prestations ou pour en faire la demande, composez le 1 800 277-9914 ou consultez le site Web www.servicecanada.gc.ca. Faites la demande le plus tôt possible après le décès afin de recevoir toutes les prestations auxquelles vous avez droit. Vous devrez fournir de nombreux documents, dont une copie du certificat de décès.

❑ **Indemnités aux anciens combattants**

Si le défunt recevait une pension d'invalidité des anciens combattants, le conjoint survivant (y compris le conjoint de fait) peut recevoir pendant un an une pension équivalente à celle que recevait le bénéficiaire au moment de son décès. Après cette période, une pension de survivant sera versée. Les enfants survivants pourraient aussi être admissibles aux prestations d'orphelin.

Le ministère des Anciens Combattants peut régler certaines dépenses associées à un décès (comme les obsèques ou l'inhumation) pour les Canadiens admissibles et les anciens combattants des pays alliés.

Renseignez-vous davantage auprès du ministère des Anciens Combattants au 1 866 522-2122 ou consultez le site Web à www.vac-acc.gc.ca.

❑ **Prestation de décès d'un employeur**
Communiquez avec l'employeur du défunt afin de vous informer s'il verse des prestations de décès aux survivants.

❑ **Commission de la sécurité professionnelle et de l'assurance contre les accidents du travail**
Si un travailleur se suicide à la suite d'un accident du travail, la Commission de la sécurité professionnelle et de l'assurance contre les accidents du travail doit verser une indemnité aux personnes à charge du défunt s'il a été établi que le suicide du travailleur découlait d'un accident du travail.

Pour obtenir de plus amples renseignements, composez le 1 800 387-0750 ou consultez le site Web www.cspaat.on.ca.

La planification de votre succession

À la suite du décès d'une personne proche, passez en revue votre testament, votre procuration, vos bénéficiaires désignés ainsi que tout autre document légal et financier afin de vérifier si vous devez y apporter des modifications.

4

En terminant

Outre la survie

- Sachez que l'on peut tous survivre à cette épreuve, vous y compris.
- Questionnez-vous sur ce qui s'est passé jusqu'à ce que vous n'en ressentiez plus le besoin ou jusqu'à ce que des réponses partielles vous satisfassent.
- L'intensité de vos sentiments et de vos émotions peut vous bouleverser. Sachez que c'est normal.
- Vous vous sentez peut-être distrait ou confus. C'est tout à fait normal lorsque l'on vit un deuil.
- Vous en voulez peut-être à la personne décédée, au monde entier, à Dieu ou encore à vous-même. Il n'y a aucun mal à exprimer cette colère, tout comme il n'y a aucun mal à ne pas en ressentir.
- Vous vous sentez peut-être coupable de ce que vous avez fait ou n'avez pas fait. Transformez cette culpabilité en pardon envers vous-même et les autres.
- Il n'est pas rare d'avoir des idées suicidaires. Cela ne veut pas dire que vous les mettrez à exécution. Mais si ces pensées

persistent, obtenez de l'aide et du soutien.
- N'oubliez pas de ne vivre qu'une heure et qu'un jour à la fois.
- Trouvez une personne qui est à votre écoute et avec qui vous pouvez échanger, et appelez-la lorsque vous avez besoin de parler.
- N'ayez pas peur de pleurer. Les larmes font du bien.
- Laissez-vous le temps de guérir.
- N'oubliez pas : ce n'était pas votre choix. Personne n'a d'emprise unique sur la vie d'un autre.
- Attendez-vous à des revers. Si les émotions reviennent comme un raz-de-marée, c'est que votre deuil n'est pas tout à fait terminé et cela fait partie du processus.
- Remettez à plus tard des décisions importantes si vous le pouvez.
- Donnez-vous le droit de faire appel à de l'aide professionnelle.
- Soyez conscient de la douleur que peuvent ressentir votre famille et vos amis.
- Montrez-vous patient envers vous-même et toute personne qui ne peut pas comprendre cette douleur.
- Établissez vos limites et apprenez à dire non.
- Éloignez-vous des personnes qui tentent de vous imposer leur vision de ce que vous devriez ressentir.
- Refusez tout blâme de votre part ou d'autrui.
- Sachez que vous pourriez trouver de l'aide auprès de groupes d'entraide. S'il n'y en a pas dans votre localité, demandez à un professionnel de vous aider à en organiser un.
- Votre foi et vos valeurs personnelles vous aideront à traverser cette épreuve.
- Le deuil se manifeste parfois par des réactions physiques comme des maux de tête, une perte d'appétit et de la difficulté à dormir.
- N'ayez pas peur de rire de vous ou avec les autres. L'humour a un pouvoir guérisseur.

- Épuisez toutes vos questions, votre colère, votre culpabilité et autres sentiments négatifs jusqu'à ce que vous puissiez les laisser aller. Lâcher prise ne veut pas dire oublier.
- Sachez que vous ne serez plus jamais la même personne ; vous pouvez survivre et même dépasser ce stade.

Adaptation de I. Bolton et C. Mitchell. My Son... My Son...: A Guide to Healing after Death, Loss or Suicide. Atlanta, Bolton Press, 1983 ; avec la permission d'Iris Bolton.

À la mémoire de Nicholas

Les passages suivants sont l'hommage des membres de la famille à Nicholas, un frère et un fils.

Vous n'imaginez pas à quel point j'aimerais pouvoir prendre mon fils dans mes bras et l'entendre dire : « Je t'aime. Vis ta vie, Pen. » Je ressens un tel sentiment de vide. Par moments, j'éprouve une douleur émotionnelle et je ne parviens pas à retenir mes larmes. En deuil, je suis seulement en deuil. S'il vous plaît, ne me laissez pas faire mon deuil seule. Restez avec moi, écoutez-moi vous faire part de ma douleur.

C'est le moment de m'entourer de photos de mon fils, de regarder une vidéo de lui et son album de bébé pour me remémorer des souvenirs. Je monte dans sa chambre, me plonge dans ses affaires et dans son odeur qui imprègne ses vêtements avant qu'elle ne disparaisse. J'observe chaque photo et me remémore l'époque à laquelle elle a été prise. Je me rappelle la fois où il est allé chez son ami pour la première fois. Il y avait la surprise qu'on lui avait organisée pour fêter son anniversaire, avec toute sa classe qui lui a crié « surprise ! ». J'avais fait un gâteau d'anniversaire en forme de chargeur à benne frontale.

Oh, mon fils, je souhaite que tu ailles bien et que tu ne souffres plus. Je sais que tu n'as jamais souhaité faire du mal à ton père, à tes sœurs ou à moi. Je ne savais pas que tu souffrais autant. Je me souviendrai toujours de toi comme du fils, du frère et de l'ami prévenant, attentionné, plein de vie et d'énergie qui vivait à cent à l'heure. Je ne serai pas triste. Je resterai positive dans mon deuil pour toi parce que tu ne savais pas ce que tu faisais. Je te soutiendrai, t'aimerai et respecterai tes décisions. Je me rends compte que, lorsqu'ils quittent la maison, je n'ai aucune prise sur ce que font mes enfants qui sont désormais de jeunes adultes.

Nicholas, mon fils, lorsque je suis triste, je me dis : « Tu t'es enlevé la vie, pas la mienne. » Il me reste encore tant de choses à vivre. Je me réveille chaque matin en gardant à l'esprit ce pour quoi je suis reconnaissante et, chaque fois, c'est le fait d'avoir passé 20 ans avec toi. Je t'ai porté neuf mois, puis tu es né. J'ai eu le plaisir d'être ta mère. Nous sommes ta famille. Merci mon fils. Je te remercie pour tous les moments où tu m'as rendue fière d'être ta mère. Nicholas, je garderai surtout à l'esprit ton caractère attentionné et les souvenirs que tu m'as donnés. Les moments où nous avons ri, ceux où nous avons pleuré et ceux où nous n'étions pas d'accord parce que nous étions injustes concernant les règles de sorties avec les filles, les danses ou parce que nous ne te laissions pas regarder « Les Simpsons ». Te rappelles-tu la fois où tu as dû faire 40 heures de travail communautaire ? Tu as été bénévole pour faire une levée de fonds pour la Fondation canadienne du rein. Les fois où tu livrais le journal de St. Thomas après l'école et où je te disais : « Ne parle pas aux étrangers, n'entre pas chez eux. » Et tu me répondais : « Ça va, maman, ne t'inquiète pas. »

Ne me laisse pas seule lorsque je suis triste, ne t'en va pas. Je fais juste mon deuil. Il n'y a aucun mot magique à dire. Ce n'est pas grave de ne pas savoir quoi dire.

Penny Knapp est honorée d'avoir été choisie pour donner vie à Nicholas. Elle travaille actuellement auprès de survivants à des personnes suicidées.

๑

Mon petit frère Nicholas est mort des suites de son suicide à 20 ans. C'est un grand soulagement de ne pas dire qu'il « s'est suicidé ». Ces mots ont une connotation tellement négative. « Nicholas est mort des suites de son suicide » est une façon bien plus appropriée de décrire ce qui s'est passé.

Ce n'est pas le Nicholas que je connaissais qui s'est enlevé la vie ; c'était un Nicholas triste, désespéré qui devait éprouver une souffrance si grande que seule la mort pouvait le soulager. Je suis très attristée parce que, selon moi, à ce moment Nick s'est senti dépassé par les événements et n'avait plus d'espoir en l'avenir. Surmonter la perte de Nicholas est un chavirement émotionnel constant. Je passe de la tristesse à la joie, je m'en veux personnellement, je me demande pourquoi, puis je suis rongée par la culpabilité. J'ai appris l'importance de passer par toutes les étapes du deuil (parfois plus d'une fois) sans porter de jugement. Chaque jour, je me rappelle d'être indulgente avec moi-même. J'ai un fort besoin d'être proche de ma famille. Il est non seulement important que je fasse mon deuil à mon rythme, mais il est aussi important que je puisse en parler ouvertement avec ma famille. Au cours des premières semaines qui ont suivi la mort de Nick, ma famille et moi étions ensemble dans un cocon – un refuge sécuritaire. La force que j'en ai tirée m'a aidée à reprendre pied lentement et à accepter que cette expérience m'avait changée. J'ai vraiment beaucoup de chance d'avoir une famille si forte à mes côtés et qui me soutient.

Il ne s'agit pas seulement pour moi de surmonter la perte de Nick. Je dois faire quelque chose en son nom, c'est-à-dire parler ouvertement de la façon dont le suicide a affecté ma famille, ma ville et moi-même. Je suis impressionnée de voir le nombre de personnes qui ont été touchées par le suicide. Je suis toujours étonnée des données statistiques qui entourent le suicide et je suis attristée qu'autant de jeunes gens – surtout des garçons – tentent de se suicider. Il me tient vraiment à cœur de faire en sorte que les jeunes se sentent plus en sécurité dans ce monde. J'ai besoin de trouver des façons de redonner de l'espoir aux enfants et de leur faire savoir que chacun d'eux est précieux, qu'il est un être humain indispensable qui fait partie intégrante de la société. J'ai d'abord commencé par ressentir ce besoin de changement, puis j'en ai parlé et enfin j'ai demandé de l'aide.

Je suis si reconnaissante envers tous ceux qui m'ont tendu la main. L'avenir me paraît plus clair et je sais que la mort de Nicholas n'aura pas été vaine. J'ai peut-être perdu mon frère physiquement, mais je le retrouve en moi. Cela m'a donné des perspectives, m'a apporté un soutien, une vision – une vision de la façon dont nous devons traiter nos jeunes, c'est-à-dire avec bien plus de respect et de dignité. J'espère que cela réconfortera ma famille et ma collectivité dans leur deuil. Je suis en mesure de témoigner de la durabilité d'une collectivité en observant comment elle prend soin de ses jeunes – son avenir – comment elle les considère et les intègre. J'espère que les initiatives entreprises par notre famille et la collectivité en ce qui a trait aux programmes destinés aux jeunes aideront ces derniers à prendre conscience de leur valeur et à l'apprécier.

Marsha Knapp Dunleavy est la sœur aînée de Nicholas. Elle travaille actuellement en production télévisée à Toronto.

La mort de mon frère n'est pas un événement quelconque de ma vie que je dois surmonter. On fait son deuil et on vit avec la mort d'un être cher, puis cela devient une partie de ce que l'on est. Je suis une jeune femme dont le frère est mort des suites de son suicide. Je n'oublierai jamais cela et je ne peux qu'aller de l'avant lorsque je me rends compte que cet événement fait partie, dans ma vie et dans celle de ma famille, de ce que nous sommes. Mais cela n'aide pas à oublier. Il faut continuer à vivre, mais ne pas en parler n'aide pas à avancer. Je vis chaque jour avec une nouvelle partie de moi qui a changé à cause de cette expérience – le suicide de mon frère. Cela a fait de moi qui je suis aujourd'hui et m'a rendue plus forte. Je ne veux jamais l'oublier. Tous les membres de ma famille souhaitent faire leur possible pour se souvenir de lui et du temps que nous avons passé ensemble en famille.

Nous nous sommes aperçus que bon nombre des membres de la famille avaient une passion commune : le golf. C'est relaxant, ça se pratique à l'extérieur dans un cadre magnifique et cela fait partie de la vie que nous avons eue avec mon frère. Quelle meilleure façon donc de se souvenir de lui que de jouer au golf en sa mémoire ? Toute ma famille, y compris des tantes, des oncles, des cousins éloignés et mes grands-parents ont participé à notre 1er Tournoi annuel de golf en mémoire de mon frère. Nous avons recueilli plus de 20 000 dollars, nous en avons parlé ouvertement, nous avons parlé du suicide et avons attiré l'attention des familles et des parents sur leurs enfants et sur cette maladie secrète.

Il faut briser le silence. DITES-LE HAUT ET FORT ! Arrêtez d'en parler en chuchotant, faites savoir que vous n'en n'avez pas honte. Nous avons besoin de partager nos expériences et nos réussites afin que nos enfants se sentent moins seuls et moins démunis. Mais on ne peut pas s'arrêter là. Parce que nous venons d'une petite ville, les ressources pour les jeunes sont rares. Nous pouvons parler des compétences dont on a besoin en tant que parents ou qu'enfants, mais où les trouver ? Pendant le tournoi de golf, nous avons rencontré de nombreuses personnes qui ont mené le même combat que nous et qui ont fait une différence dans leur ville. Nous mettons aujourd'hui en pratique leurs leçons, leurs compétences et leurs expériences dans notre propre ville. Nous avons actuellement un petit centre de jour pour les jeunes qui s'agrandit. Nous devons aider cette ressource à croître non seulement afin qu'elle serve à notre collectivité, mais surtout à nos enfants. Ce centre se veut une maison où les jeunes peuvent s'exprimer, faire partie de quelque chose de plus grand – quelque chose d'important pour eux – et qui leur donne un objectif afin qu'ils continuent à exploiter leur plein potentiel. Cela leur apportera également la fierté et le respect qu'ils méritent, en plus de la responsabilité et de la confiance nécessaires pour vouloir faire une différence dans leur propre vie. Parvenir à changer l'état d'esprit d'une autre personne qui se sent seule et démunie sera un pas en avant inestimable pour ma famille et moi. Je travaille actuellement au centre pour les jeunes, que nous appelons « Centre Ice » et nous essaierons seulement de faire de notre mieux pour influencer la vie des jeunes de cette collectivité.

Merci à tous les membres de notre famille et à nos amis pour leur soutien et leur motivation indéfectibles. Nous vous aimons. Merci à nos nouveaux amis pour l'inspiration et les conseils que vous nous avez apportés en la matière. Vous avez tous contribué à ce que ma famille et notre collectivité n'oublient jamais Nicholas.

Melanie McLeod est une des sœurs de Nicholas de quatre ans son aînée. Elle habite actuellement à Dutton, en Ontario.

Le passage « À la mémoire de Nicholas » est réimprimé avec la permission du Bureau de l'intervention en faveur des patients des établissements psychiatriques ; il est tiré de l'ouvrage *Rendre hommage au passé, bâtir l'avenir : 25 ans de progrès dans la défense et la protection des droits en matière de santé mentale*, 2008.

www.rememberingnicholas.ca

5

Ressources

Il existe de nombreuses ressources qui peuvent venir en aide aux survivants à une personne suicidée. Nous avons dressé une liste d'associations, de groupes et d'organisations spécialisés en counseling, ainsi que de sites Web et de livres qui peuvent s'avérer utiles. Examinez les options qui s'offrent à vous et trouvez celles qui répondent le mieux à vos besoins. Nous n'appuyons aucune d'entre elles. Nous ne faisons que présenter toutes les options offertes afin que vous fassiez votre choix.

THÉRAPEUTES PROFESSIONNELS

Demandez une recommandation à votre médecin de famille pour consulter un spécialiste dans le domaine du deuil. Vous pouvez aussi trouver un thérapeute en Ontario en consultant les différents sites Web ci-après ou les services d'aide téléphonique.

Ordre des médecins et chirurgiens de l'Ontario
Ce site Web peut vous aider à trouver un psychiatre (docteur en médecine) en Ontario.

Remarque : Vous aurez besoin d'une recommandation d'un médecin de famille (omnipraticien) pour voir un psychiatre.

www.cpso.on.ca

Association de psychologie de l'Ontario

Ce site Web peut vous aider à trouver un psychologue en Ontario.

www.psych.on.ca

416 961-0069 ou 1 800 268-0069

Ontario Society of Psychotherapists

Ce site Web peut vous aider à trouver un psychothérapeute en Ontario.

www.psychotherapyontario.com

416 923-4050

ORGANISATIONS

Plusieurs organismes provinciaux offrent du counseling aux personnes endeuillées, alors que d'autres offrent des services de counseling général ou d'aiguillage. Il existe aussi de nombreux groupes locaux, notamment des organisations culturelles, spirituelles ou religieuses, qui pourraient vous apporter du réconfort.

Centres d'accès aux soins de santé autochtones (Ontario)

Les Autochtones peuvent se tourner vers ces centres pour obtenir du soutien dans diverses communautés. Le site Web renferme les coordonnées de ces centres d'accès en Ontario.

www.ahwsontario.ca/programs/hacc.html

Les familles endeuillées de l'Ontario

Cette association offre des groupes de soutien aux familles qui viennent de perdre un être cher. Le site Web indique la liste des personnes-ressources dans les collectivités ontariennes desservies par l'association.

www.bereavedfamilies.net

Jeunesse, J'écoute
Les conseillers professionnels de Jeunesse, J'écoute offrent du counseling aux jeunes de façon anonyme, en français ou en anglais, et ce, jour et nuit. Grâce à leur base de données très vaste, ils peuvent les aiguiller vers les services appropriés dans leur collectivité.

1 800 668-6868

www.jeunessejecoute.ca

Service Info Santé mentale Ontario
Vous y trouverez des renseignements sur les services et ressources en santé mentale dans les collectivités ontariennes.

1 866 531-2600

www.mhsio.on.ca

SITES WEB

Les sites Web ci-après contiennent de l'information plus détaillée qui pourrait vous être utile.

American Association of Suicidology
Cette association fournit de l'information aux intervenants en prévention du suicide et aux personnes touchées par un suicide. Elle offre aussi l'abonnement à un bulletin électronique intitulé *Surviving Suicide*.

www.suicidology.org

American Foundation for Suicide Prevention
Ce site Web contient de nombreuses ressources sur le suicide, la prévention du suicide et la survie après le suicide d'un proche.
www.afsp.org

Association canadienne pour la santé mentale
Ce site Web procure des renseignements sur le suicide et le deuil après le suicide d'un proche sous la section « About Mental Health ».
www.ontario.cmha.ca

Association canadienne pour la prévention du suicide
Ce site Web vise à prévenir le suicide et à soutenir les personnes qui ont perdu un proche des suites d'un suicide.
www.suicideprevention.ca

Centre for Suicide Prevention
Ce site Web canadien est une bibliothèque et un centre de ressources sur le suicide et les comportements suicidaires. Bien qu'il n'aborde pas les questions associées aux personnes touchées par le suicide d'un proche, il fournit des statistiques qui peuvent s'avérer utiles.
www.suicideinfo.ca

Choose Life
Ce site Web écossais présente une stratégie et un plan d'action axés sur la prévention et l'intervention précoce à l'égard du suicide et des comportements suicidaires. Cette stratégie semble apporter une lueur d'optimisme pour l'avenir. La section *Bereaved by Suicide* offre un lien vers un livret intitulé *After a Suicide*, dont le contenu est très similaire au présent ouvrage.
www.chooselife.net

The Gift of Keith
Ce site Web commémoratif propose une variété de ressources pour les survivants à une personne suicidée.
http://thegiftofkeith.org

Le déchirement du suicide
Cette page Web du site de l'Association canadienne pour la santé mentale explique comment le deuil après un suicide se vit différemment d'un deuil suivant d'autres types de décès.
www.cmha.ca/bins/content_page.asp?cid=3-101-103&lang=2

Le deuil parlons-en
Le ministère de la Santé du Nouveau-Brunswick a publié ce dépliant pour les personnes qui ont perdu un être cher des suites d'un suicide.
www.gnb.ca/0055/pdf/2010/6759%20french%20FINAL.pdf

National Survivors of Suicide Day
La fondation américaine pour la prévention du suicide (*American Foundation for Suicide Prevention*) commandite cette journée annuelle de guérison pour les survivants à une personne suicidée. Le site Web donne la liste de toutes les villes du monde qui participent à cette journée et des renseignements sur les événements de la journée.
www.afsp.org/index.cfm?fuseaction=home.viewPage&page_id=FEE7D778-CF08-CB44-DA1285B6BBCF366E

Ontario Association for Suicide Prevention
La section « Resources » du site énumère tous les groupes d'entraide sur le deuil pour les survivants de suicidés en Ontario.
www.ospn.ca

Suicide Awareness Voices of Education

La section « Coping with loss » de ce site fournit de l'information sur divers sujets, dont le deuil et ce qu'il faut dire aux enfants.

www.save.org

The Suicide Memorial Wall

Ce site Web offre aux personnes qui ont perdu un être cher des suites d'un suicide un endroit où ils peuvent se remémorer le disparu en envoyant son nom afin qu'il soit inscrit au mur commémoratif.

www.suicidememorialwall.com

The Suicide Paradigm

Ce site Web propose des renseignements sur le suicide, la prévention du suicide et la perte d'un proche des suites d'un suicide.

http://lifegard.tripod.com

Survivors

Cette section du site canadien *Suicide Prevention Education Awareness Knowledge* fournit des renseignements aux survivants d'un suicidé et offre des conseils aux amis et à la famille sur la façon d'être à l'écoute de quelqu'un qui vit un deuil.

www.speak-out.ca/survivors.htm

Survivors of Suicide

Ce site Web offre de l'information aux survivants de suicidés et à ceux qui les aident à vivre leur deuil.

www.survivorsofsuicide.com

LIVRES

Tremblay, C. *Micah : La souffrance d'un père face au suicide de son fils*, Magog, QC, Éditions Jaspe, 2001

Alexander, V. *In the Wake of Suicide: Stories of the People Left Behind*, San Francisco, Jossey-Bass Publishers, 1998.

Barrett, T. *Life After Suicide: The Survivor's Grief Experience*, Fargo, ND, Aftermath Research, 1989.

Baugher, B. et J. Jordan. *After Suicide Loss: Coping with Your Grief*, Newcastle, WA, R. Baugher, 2002.

Bolton, I. *My Son... My Son... : A Guide to Healing After a Suicide in the Family*, Atlanta, GA, Iris Bolton (en collaboration avec C. Mitchell), 1984.

Carlson, T. *Suicide Survivor's Handbook: A Guide to the Bereaved and Those Who Wish to Help Them*, édition élargie, Duluth, MN, Benline Press, 2000.

Choy, W. *Not Yet: A Memoir Of Living And Almost Dying*, Toronto, Doubleday Canada, 2009.

Clarke, J.C. *A Mourner's Kaddish: Suicide and the Rediscovery of Hope*, Ottawa, Novalis, 2006.

Collins, J. *The Seven T's: Finding Hope and Healing in the Wake of Tragedy*, New York, Jeremy P. Tarcher/Penguin, 2007.

Davis Prend, A. *Transcending Loss: Understanding the Lifelong Impact of Grief and How to Make It Meaningful*, San Francisco,

Berkley Books, 1997.

Dawson, K. *Bye Bye... I Love You*, Bermuda Dunes, CA, After-Loss, Inc., 1998.

Dean, W. *Journaling a Pathway Through Grief: One Family's Journey After the Death of a Child*, Toronto, Key Porter Books, 2002.

DeVita-Raeburn, E. *The Empty Room: Understanding Sibling Loss*, New York, Scribner, 2007.

Evans, A. *Chee Chee: A Study of Aboriginal Suicide*, Montréal, McGill-Queen's University Press, 2004.

Farr, M. *After Daniel: A Suicide Survivor's Tale*, Toronto, HarperCollins Publishers, 2000.

Fine, C. *No Time to Say Goodbye: Surviving the Suicide of a Loved One*, Mainsfield, OH, Main Street Books, 1999.

Fitzgerald, H. *The Grieving Teen: A Guide for Teenagers and Their Friends*, New York, Fireside Books, 2000.

Frankel, B. et R. Kranz. *Straight Talk about Teenage Suicide*, New York, Checkmark Books, 1997.

Gewirtz, M.D. *The Gift of Grief: Finding Peace, Transformation and Renewed Life After Great Sorrow*, Berkeley, CA, Celestial Arts, 2008.

Goldman, L. *Bart Speaks Out!: Breaking the Silence on Suicide*, Los Angeles, CA, Western Psychological Services, 1998.

Grollman, E.A. *Living When a Young Friend Commits Suicide...
Or Even Starts Talking About It*, Boston, Beacon Press, 1999.

Hewett, J.H. *After Suicide*, Philadelphia, PA, Westminster John
Knox Press, 1980.

Howe Colt, G. *November of the Soul: The Enigma of Suicide*,
New York, Scribner, 2006.

Joiner, T. *Why People Die by Suicide*, Boston, Harvard University
Press, 2007.

Lester, D. (éditeur). *Katie's Diary: Unlocking the Mystery of a
Suicide*, New York, Routledge, 2003.

Lester, D. *The Cruelest Death: The Enigma of Adolescent Suicide*,
Philadelphia, Charles Press, 1997.

Linn-Gust, M. *Do They Have Bad Days in Heaven? Surviving the
Suicide Loss of a Sibling*, Albuquerque, NM, Chellehead Works,
2002.

Lukas, C. et H.M. Seiden. *Silent Grief: Living in the Wake of
Suicide*, Northvale, N.J., Jason Aronson, Inc., 1997.

Mosionier, B.C. *In Search of April Raintree*, Winnipeg, Portage &
Main Press, 2008.

Murphy, J.M. *Coping with Teen Suicide*, New York, Rosen Publishing Group, 1999.

Myers, M.F. et C. Fine. *Touched by Suicide: Hope and Healing
After Loss*, New York, Gotham Books, 2006.

Neeld, E.H. *Seven Choices: Finding Daylight After Loss Shatters Your World*, New York, Warner Books, 2003.

Redfield Jamison, K. *Night Falls Fast: Understanding Suicide*, New York, Vintage Books, 2000.

Rubel, B. *But I Didn't Say Goodbye: For Parents and Professionals Helping Child Suicide Survivors*, Kendall Park, NJ, Griefwork Center Inc., 2000.

Sackett, J. *Goodbye Jeanine: A Mother's Faith Journey After Her Daughter's Suicide*, Colorado Springs, CO, NavPress, 2005.

Schmitt, A. *Turn Again to Life: Growing Through Grief*, Scottdale, PA, Herald Press, 1987.

Schneidman, E.S. (1996). *The Suicidal Mind*, New York, Oxford University Press, 1996.

Smolin, A. et J. Guinan. *Healing After the Suicide of a Loved One*, New York, Simon & Schuster, 1993.

Staudacher, C. *A Time to Grieve: Meditations for Healing After the Death of a Loved One*, San Francisco, HarperSanFrancisco, 1994.

Stiller, B.C. *When Life Hurts: A Three-Fold Path to Healing*, Toronto, HarperCollins Canada, 2000.

Stimming, M. et M. Stimming (éditeurs). *Before Their Time: Adult Children's Experiences of Parental Suicide*, Philadelphia, PA, Temple University Press, 1998.

Van Praagh, J. *Talking to Heaven: A Medium's Message on Life After Death*, New York, Penguin Group (USA) Incorporated, 2001.

Walton, C. *When There Are No Words: Finding Your Way to Cope with Loss and Grief*, Venture, CA, Pathfinder Publishing, 2003.

Wertheimer, A. *A Special Scar: The Experiences of People Bereaved by Suicide*, New York, Brunner-Routledge, 2001.

Westberg, G.E. *Good Grief: A Faith-Based Guide to Understanding and Healing*, Minneapolis, MN, Augsberg Books, 2005.

Willett Heavilin, M. *December's Song: Handling the Realities of Grief*. San Bernardino, CA, Here's Life, 1988.

Willett Heavilin, M. *Roses in December: Comfort for the Grieving Heart*, Eugene, OR, Harvest House Publishers, 2006.

Wolfelt, A.D. *Healing Your Traumatized Heart: 100 Practical Ideas after Someone You Love Dies a Sudden, Violent Death*, Fort Collins, CO, Companion Press, 2002.

Wolfelt, A.D. *The Journey Through Grief: Reflections on Healing*, Fort Collins, CO, Companion Press, 2003.

Wolfelt, A.D. *Understanding Your Suicide Grief: Ten Essential Touchstones for Finding Hope and Healing Your Heart*, Fort Collins, CO, Companion Press, 2009.

Wright, H.N. *Experiencing Grief*, Nashville, TN, B&H Publishing Group, 2004.

Wrobleski, A. *Suicide Survivors: A Guide for Those Left Behind*, Minneapolis, Afterwords, 2002.

Références

Ontario. Lorsque quelqu'un décède. Accessible à http://www. ontario.ca/fr/life_events/death/007311.html. Consulté le 28 janvier 2011.

Alberta Funeral Service Association. *Funerals: An Information Guide*, 2001, www.afsa.ab.ca/infoguide.html.

Alberta Health and Wellness. *Suicide Grief: Let's Talk About It* [dépliant], Alberta, Alberta Health and Wellness, 2000.

Boles, M. [communications personnelles, le 10 juillet 2002].

Bolton, I. & Mitchell, C. *My Son...My Son: A Guide to Healing After Death, Loss or Suicide*, Atlanta, GA, Bolton Press, 1994.

Calgary Health Region. *Healing Your Spirit: Surviving After the Suicide of a Loved One*, Calgary, AB, auteur, 2006.

Association canadienne pour la santé mentale (Ontario). *Suicide Statistics*. Tiré de la page www.ontario.cmha.ca/fact_sheets. asp?cID=3965.

Centre for Mental Health, NSW Health Department. *Care and Support Pack for Families and Friends Bereaved by Suicide*, New South Wales, NSW Health Department, 1999.

Chance, S. « Knowing "What to Expect" Helps Survivors Cope », *Surviving Suicide* (hiver 1993), p. 2 et 3.

Fine, C. *No Time to Say Goodbye: Surviving the Suicide of a Loved One.* New York, Doubleday 1997.

Goldman, L. « Suicide: How Can We Talk to the Children? », *The Forum Newsletter* (mai-juin 2000), p. 1–3.

Grollman, E.A. *Suicide: Prevention, Intervention, Postvention*, Boston, Beacon Press, 1988.

Mertick, E. *Yours, Mine and Our Children's Grief: A Parent's Guide*, Alberta, Alberta Funeral Service Association, 1991.

Mertick, E. *Grieving: "Our Time"*, Alberta, Alberta Funeral Service Association, 1998.

Paraclete Press. *Journey Through the Shadows. Hope for Healing After Someone You Love Has Completed Suicide* [bande vidéo], Brewster, MA, Paraclete Press, 2000.

Paraclete Press. *Light Amongst the Shadows. How to Help Those You Care For When Suicide Occurs* [bande vidéo], Brewster, MA, Paraclete Press, 2000.

Red Deer City RCMP Victim Services. *Dealing with the Loss of a Loved One*, Red Deer, Red Deer City RCMP Victim Services Unit, 2001.

Ross, E. *After Suicide: A Unique Grief Process*, Iowa, Lynn Publications, 1987.

Sundar, P. *Support for Supporters: A Resource Package for Providing Support to Bereaved Adolescents*, Bereaved Families of Ontario, 2002.

Supporting Suicide Survivors. SIEC Alert (novembre 1999), p. 1.

Wrobleski, A. *Suicide: Survivors. A Guide for Those Left Behind*, Minneapolis, Afterwords, 1991.

www.ingramcontent.com/pod-product-compliance
Lightning Source LLC
Chambersburg PA
CBHW050553280326
41933CB00011B/1821